Hannelore Fisgus • Fotografie: Ingolf Hatz

DAS CHIEMGAU KOCHBUCH

Die junge Küche rund um das bayerische Meer

Gerichte. Porträts. Geschichten.

CHRISTIAN

INHALT

VORWORT

Es war ein ungewöhnliches Frühjahr, in dem wir mit unseren Recherchen für dieses Buch begannen. Man fühlte sich wie ein Murmeltier, das nach langem Winterschlaf zum ersten Mal wieder in die Sonne blinzelt. Der Lockdown hatte das gesellschaftliche Leben über Monate lahmgelegt. Die Pandemie hatte das Leben voll im Griff, und in der Gastronomie hielt man sich irgendwie mit »To go«-Angeboten über Wasser.

Jetzt wagte man sich Schritt für Schritt, aber immer noch mit einem Gefühl wie auf Glatteis, langsam wieder zurück in eine Normalität, die nicht mehr die alte war. Es war ein Frühjahr zwischen Bangen und Hoffen. Während man in der Gastronomie Sorgen und Einbußen hatte, boomte der Handel mit regionalen Lebensmitteln. Obwohl die Restaurants als Abnehmer weitgehend wegfielen, entstanden bei den regionalen Lebensmittelproduzenten keine Verluste. Im Gegenteil, die neue Lust am Kochen und das gestärkte Bewusstsein für Regionalität sorgten bei ihnen sogar für einen kleinen Boom.

Wirtinnen und Wirte erlebten dagegen ein Wechselbad der Gefühle. Viele hatten schlaflose Nächte und Existenzängste hinter sich, aber gleichzeitig auch die Erfahrung von großer Solidarität gemacht. Ohne die Unterstützung durch ihre Stammkunden, sagen viele, hätten sie die Zeit nicht so glimpflich überstanden. Zu den nie gekannten positiven Erfahrungen gehörte für viele Gaststättenbetreiber*innen beispielsweise, Weihnachten einmal ganz ruhig zu Hause, im Kreis der Familie zu erleben. Auch Zeit und Muße zu haben, um über neue Konzepte nachzudenken, Neues auszuprobieren und Altes zu überdenken, hat vielen gutgetan. Dank der ländlichen Struktur im Chiemgau, sind viele Betriebe im Eigentum, was ebenfalls geholfen hat, die Krise besser zu überstehen. Viele sind sogar selbstbewusster aus der Zeit hervorgegangen, dank der Anerkennung und Wertschätzung, die sie während des Lockdowns von ihren Kundinnen und Kunden erfahren haben.

Doch jetzt sollte es wieder losgehen, und man stellte vielerorts fest: »Hoppla, die Gäste kommen, und es läuft nicht rund.« Vor allem Personal fehlte an allen Ecken und Enden. Viele Betriebe konnten zwar ihre festen Mitarbeiter*innen über die Krise retten, aber woher die Saisonkräfte nehmen, von denen viele in andere Branchen abgewandert waren oder aufgrund der Pandemie nicht einreisen durften. In diesem Frühjahr mussten nicht nur die Betten gelüftet und neue Speisekarten geschrieben, sondern auch Hygienekonzepte erarbeitet und Mitarbeiter*innen diesbezüglich geschult werden.

In dieser herausfordernden Phase auch noch Zeit für eine Autorin und einen Fotografen zu finden, war für viele nicht leicht und einigen schlichtweg unmöglich. Deshalb danken wir all denen, die sich die Zeit genommen haben, umso herzlicher, denn ohne ihre Kooperationsbereitschaft wäre dieses Buch nicht möglich gewesen.

Dampfersteg
Abfahrt zu den Inseln

VORWORT DES FOTOGRAFEN

Als wir 2020 mit der Recherche zu dem Buch begannen, wusste ich zwar, was mich im Chiemgau erwarten würde, hatte aber im Detail keine Idee davon, wie abwechslungsreich und vielfältig die Region ist, und welch freundlicher Charakter die Menschen im Chiemgau auszeichnet. Der Chiemgau mit seinen markanten Bergen und malerischen Seen, für viele nur Durchgangstation auf dem Weg über den Brenner in den Süden, bietet nicht nur topografisch viel Diversität, sondern auch kulinarisch: Es werden biologisch und nachhaltig erzeugte Produkte wertgeschätzt – egal ob im traditionellen Gasthaus oder in der gehobenen Sternegastronomie.

Der kulinarische Fokus dieses Buches liegt auf den Geschichten der Menschen und ihrer Passion für das, was sie tun, für sich und auch für ihre Region. Die regionale Küche liegt seit Jahren im Trend, Essen hat in unserem Alltag heute einen sehr hohen Stellenwert. Die Einflüsse der im Buch porträtierten jungen Köch*innen reichen von asiatisch über mediterran, von vegetarisch bis hin zur Feuerküche. Man ist sich der Tradition bewusst und gleichzeitig experimentierfreudig, wenn es um Foodpairing und neue »Tastes« geht.

Einst wurden die Pioniere der Biolandwirtschaft in der Region belächelt, doch heute sind es genau sie, die die Richtung bestimmen und einen wichtigen Platz in den zertifizierten Öko-Modellregionen einnehmen. Das Bestreben der einzelnen Produzenten, ihre Erzeugnisse und Produkte ständig zu verbessern und zu verfeinern ist deutlich spürbar.

Wenn man in den Küchen mit der Kamera herumstöbert, dann muss man sich an die Disziplin der Brigade halten, auf seinem Posten bleiben, nie im Wege stehen, aber im richtigen Moment zur Stelle sein. Genießen Sie meine Fotografien des kulinarischen Chiemgaus und lassen Sie sich inspirieren.

»An Guadn!«

Ingolf Hatz

Folgen Sie meiner Arbeit auf Instagram @ingolfhatz

»DER CHIEMGAU« – KULTREZEPTE & KÜCHENSCHÄTZE: GERICHTE, PORTRÄTS, GESCHICHTEN

Der Chiemgau ist eine historisch-kulturell gewachsene Landschaft mit dem Chiemsee im Zentrum. Der Name ist seit dem achten Jahrhundert belegt. Die Region erstreckt sich über die Landkreise Rosenheim und Traunstein und dehnt sich etwa fünfzig Kilometer von Nord nach Süd sowie von Ost nach West aus. Im Westen bildet der Inn die Grenze, im Osten Traun und Alz. Im Norden erstreckt sich der Chiemgau bis zur nördlichen Grenze des Landkreises Traunstein und im Süden erheben sich die Chiemgauer Alpen als Grenze zu Österreich. Eiszeitliche Gletscher haben diese großartige Landschaft geformt, Klöster waren maßgeblich an ihrer Gestaltung beteiligt, und der Salzhandel hat seine Spuren und den Reichtum hinterlassen. Der Chiemsee, auch liebevoll das »Bayerische Meer« genannt, ist der größte See Bayerns und der zweitgrößte Deutschlands. Es ist diese einmalige Kombination aus Wasser, Bergen, Natur und Kultur, die den Chiemgau so attraktiv macht. Baden, Biken, Bummeln, Wandern, Gipfel stürmen oder Boot fahren, alles ist möglich. Historische Städte, Klöster, Museen, Ausstellungen, Konzerte und Festivals sorgen für kulturelle Vielfalt. Schon Ende des 18. Jahrhunderts waren die Maler fasziniert von dieser Landschaft, und spätestens seit dem Bau der Eisenbahn Mitte des 19. Jahrhunderts kommen die Städter und Sommerfrischler in Massen.

Wer vom Irschenberg gen Süden fährt, sieht schon bald den Chiemgau vor sich ausgebreitet. Ob im strahlenden Sonnenschein oder nebelverhangen, diese Aussicht ist immer wieder faszinierend. An Sommertagen setzen die Segel weiße Tupfen auf den See, und die umliegenden Berge heben sich majestätisch vom blauen Himmel ab. Glückliche Kühe grasen auf saftig grünen Wiesen … Hilfe, Klischee! Aber wenn man durch die sanft geschwungenen Hügel des Voralpenlandes rund um den See fährt, durch Dörfer mit Zwiebeltürmen und geranienbehangenen Balkonen, dabei immer die Berge im Blick, ja, was bleibt einem da anderes übrig, als zu denken, dass der liebe Gott ein Bayer, wahrscheinlich sogar ein Chiemgauer war. Eben weil diese Landschaft einer Idealvorstellung so nahekommt, ist der Chiemgau eine der beliebtesten Urlaubsregionen Deutschlands.

TRADITION UND INNOVATION

Die Kellner tragen Lederhosen, die Bedienungen Dirndl, das Wirtshaus steht neben der Kirche. Die Schweinebratenportionen sind groß und die Knödel luftig. Dieses traditionelle Klischee wird überall und gerne erfüllt, aber es gibt besonders hier im Chiemgau auch ein anderes Verständnis von Tradition. Wir laden Sie ein zu einer kulinarischen Entdeckungsreise abseits der touristischen Hotspots, in kleine Weiler, auf Biobauernhöfe und zu ideenreichen Wirtinnen und Wirten. Sie werden staunen, wie nah Tradition und Innovation in diesem Landstrich beieinanderliegen können und wie kreativ und qualitätsbewusst man mit dem kulinarischen Erbe umgehen kann. Der Chiemgau ist mit vielem gesegnet, mit Wild aus den Wäldern und Fisch aus den Seen und Gebirgsbächen. Köchinnen und Köche können hier aus dem Vollen schöpfen. Sie haben auch das Glück, auf immer mehr hochwertige, regionale Produkte zurückgreifen zu können.

Im Chiemgau befinden sich gleich zwei Öko-Modellregionen, Waginger See – Rupertiwinkel und Achental, und die Dichte an Biobauern und -erzeugern in den Landkreisen Rosenheim und Traunstein ist mit die höchste in ganz Bayern. Umweltbewusste Landwirt*innen züchten alte Tierrassen und bauen alte Getreidesorten an. In Permakultur-Gärtnereien gedeihen Gemüse wie Auberginen, Melonen und Artischocken. Wer hätte je gedacht, dass sie hier wachsen würden? Gärtner*innen experimentieren mit exotischen Pflanzen wie Ingwer, Süßkartoffeln oder Kiwi. Auch Soja wird längst angebaut, Tomaten, Gurken, Salate und Wurzelgemüse sowieso. Der Chiemgau war und ist aufgrund der Bodenverhältnisse und der klimatischen Bedingungen alles andere als ein Garten Eden. Aber experimentierfreudige Landwirt*innen und Erzeuger*innen sind dabei, ihn dazu zu machen. Das Alte wird das Neue, lautet das Motto. Linsen, Leinsamen, Urdinkel, Emmer und andere alte Getreidesorten, aber auch Hanf, Lein und Senfsaat sind Produkte, die wiederentdeckt und weiterverarbeitet werden. Daraus entstehen wertvolle Öle oder Getreidemischungen wie der »Bayerische Reis«, der in der Küche schnell zubereitet ist. Mangalitza- und Woll-Schweine, Schafe und Ziegen, französische Gockel »Les Bleus« und anderes hochwertiges Geflügel, Auerochsen – all das wird von ambitionierten Landwirt*innen im Chiemgau gezüchtet, die damit nicht nur den Speiseplan bereichern, sondern auch die Natur schützen und pflegen. Bauern- und Biomärkte finden in vielen Orten regelmäßig statt, und wenn nicht, dann gibt es den kleinen Hofladen oder man kennt den Bauern aus der Nachbarschaft, bei dem man frische Milch, Eier und Butter bekommt. Regionalität ist hier kein Schlagwort, sondern wird vielfach gelebt. Wer möchte da nicht Koch sein? Oder noch besser, Gast?

VON DER STERNE- BIS ZUR ALMKÜCHE …

… reicht die Palette der vorgestellten Betriebe und Rezepte in diesem Buch. Tradition und Innovation liegen auch hier nah beieinander. Gab es früher jeden Tag Fleisch? Nein. Die Köchinnen und Köche, die wir besucht haben, legen zunehmend Wert auf vegetarische und vegane Gerichte, die sorgfältig zubereitet werden und über das übliche Angebot von Kässpatzn und Knödel mit Schwammerl hinausgehen. Sie gehen bewusster mit Fleisch um und verarbeiten ganze Tiere, nicht nur die Edelteile. Egal, ob auf der Alm oder im Braugasthof, die Qualität muss stimmen. Die Jungen, oft mit Erfahrung in der Spitzengastronomie, bringen ein neues Bewusstsein mit. Sie arbeiten eng mit regionalen Erzeuger*innen zusammen, besinnen sich auf Althergebrachtes, gehen aber kreativ mit dem kulinarischen Erbe um. Wie ihre Großmütter früher sammeln, marinieren, fermentieren und legen sie ein, aber nicht aus Notwendigkeit wie damals, sondern auf der Suche nach neuen, intensiven Geschmackserlebnissen. Wer Kapern aus Holunderbeeren herstellt, muss sie nicht importieren, und wer hauchzarte Rhabarberstreifen einlegt, kann auf Ingwer verzichten. Insbesondere die »Chiemgau Connection«, ein loser Zusammenschluss von Köchinnen und Köchen, experimentiert und überrascht immer wieder mit ausgefallenen Verwendungsmöglichkeiten heimischer Beeren und Pflanzen. In vielen Küchen dürfen die Zutaten regional sein, aber ein Hauch exotischer Gewürze geben Karotten, Roten Beten oder Kraut ganz neue Geschmackswendungen. Lassen Sie sich überraschen, und genießen Sie den Chiemgau mit allen Sinnen.

BAYERISCHES BILDERBUCH-WIRTSHAUS – DIE »ALPENROSE«

Wirtshaus und Kirche, das gehört in Bayern zusammen. Vom Biergarten der »Alpenrose« zur Kirche sind es nur drei Schritte, also ist die Welt noch in Ordnung in Samerberg. Der Ort gilt als das Tor zum Chiemgau und das stattliche Wirtshaus ist zwischen München und Salzburg für seine sowohl bodenständige als auch innovative Küche bekannt.

Wenn man ihn lässt, dann kocht Florian Lechner wie ein junger Wilder. Wer spontan Lust auf etwas Ausgefalleneres hat, bekommt von ihm ein Überraschungsmenü serviert, mit allem, was die Küche hergibt. Je nach Jahreszeit und Laune, kredenzt er konfiertes Rehherz oder Rehzunge, Fichtennadelcremesuppe und ab und zu sogar geräucherte Schwanenbrust, ja, Schwanenbrust, »früher das Essen der Könige«, sagt der Küchenchef. Immer wieder kauft er eine halbe oder ein Viertel Kuh vom Bauern, die selbstverständlich »nose to tail« verarbeitet wird. Den Jägern, die Wild vorbeibringen, nimmt er gerne alle Innereien ab. Von Frühjahr bis Herbst ist Florian Lechner in der Natur unterwegs und sammelt, um mit eingelegten Fichtenwipfeln, Holunderkapern, Aroniabeeren, schwarzen Nüssen oder Bärlauchknospen seine Gerichte zu verfeinern und kulinarische Highlights zu setzen. Das hat sich der Bayer während seiner Lehrjahre in der Steiermark abgeschaut. Dort, sagt er, war man viel früher dran mit der Rückbesinnung auf alte Konservierungsmethoden und heimische Produkte.

Er lehnt sich lässig zurück, wenn er erzählt, dass Oma und Opa den Betrieb aufgebaut haben, den er dann von der Mutter übernommen hat. Die Küchentradition der Altvorderen ist auch nach wie vor der solide Grundstock der Alpenrose. Gefragt nach seinem »Signature Dish«, antwortet Florian Lechner spontan: »Schweinsbraten vom Strohschwein mit richtig geiler Kruste und frisch gemachten Knödeln.« Auch Dampfnudeln, Apfelstrudel oder Tellerfleisch mit Kartoffel-Gurken-Salat sind so bayerisch und traditionell wie das Wirtshaus selbst.

Die beiden Löwen auf der barocken Fassade halten die Schlüssel zur Kirche in den Klauen, und ganz oben auf dem Wandgemälde wacht das alles sehende Auge Gottes über das Wirtshaus, das 1561 erstmals als Tafernwirtschaft erwähnt wurde. Das stattliche Gebäude war auch Pfarrhaus, Kramer- und Metzgerladen und ist seit 1868 im Familienbesitz. Was für ein Glück, dass es einen Architekten in der Familie gibt, der alle Bausünden früherer Jahre getilgt und den historischen Charakter des Hauses innen und außen sensibel erhalten bzw. wiederhergestellt hat. Man findet bestimmt viele Lieblingsplätze in und um den Gasthof, sei es in einer der gemütlichen Stuben, im Salettl mit Holzdielenboden und Kamin oder im lauschigen Biergarten. Besonders beliebt ist die Dachterrasse, wo man sich zum »Sundowner« mit Wendelsteinblick trifft. Selbst eine alte Holzkegelbahn ist in der Alpenrose noch erhalten, und wer nach einem lustigen Abend müde ist, kann in einem der zehn Gästezimmer ruhig in den nächsten Tag hineinschlummern. Manche, die das unterhalb des Wirtshauses liegende Naturschwimmbad entdeckt haben, bleiben auch gerne noch einen Tag länger.

Als Säumer, Forstarbeiter oder Treidler verdienten sich viele Nebenerwerbslandwirte in Chiemgau das nötige Bargeld. Von dem, was die Landwirtschaft hergab, konnten die Familien zwar leben, aber Geld war immer knapp.

DIE SÄUMER VOM SAMERBERG

»Die Samerberger hatten das Privileg zum Salz-Säumen, das war ein Privileg für den Salz- und Warentransport nur auf dem Pferderücken. Der Name Samer und Samerberg (früher Rossersberg) kommt vom Sam, und ein Sam war eine Gewichtseinheit von eineinhalb Zentnern (75 kg). Zwei Sam wurden auf einem Pferderücken transportiert, was somit drei Zentnern entsprach. Um 1762 wurde das Privileg von Kurfürst Maximilian aufgelöst, das war dann das Ende für die Samer und für die Säumerei, was zur Folge hatte, dass sich die Samer verstärkt mit ihren Rössern dem Schiffs-Treideln auf dem Inn und auf der Donau zuwandten.«

Hans Sattlberger, Ehrenvorsitzender des Trachtenvereins, in den Samerberger Nachrichten vom 16. August 2019.

REHLEBERCREME UND REHHERZ

Für 4 Personen
Zubereitungszeit: ca. 90 Minuten

FÜR DAS REHHERZ
1 Rehherz
3 Wacholderbeeren
1 Lorbeerblatt
1 Zeste einer unbehandelte Orange
1 Zweig Thymian
1 Zweig Rosmarin
frisch gemahlener schwarzer Pfeffer
1 EL Olivenöl
1 EL Butter
Salz

FÜR DIE LEBERCREME
250 g Rehleber
2 Eier
100 g Nussbutter
1 Msp. Wildgewürz
1 Prise Vanillezucker
Salz oder Pökelsalz
125 ml flüssige Sahne

FÜR DIE ARONIABEEREN
1 kleines Stück Ingwer
500 g Aroniabeeren
250 ml Johannisbeersaft
250 g Gelierzucker (1:1)

FÜR DIE VOGELBEEREN
500 g Vogelbeeren
250 ml Apfelsaft
500 g Gelierzucker (1:1)

ZUM ANRICHTEN
2 schwarze Nüsse
Kräuter

REHHERZ:
Das Rehherz sauber parieren und zusammen mit den restlichen Zutaten in einem Sous-Vide-geeigneten Beutel vakuumieren. Das Rehherz in einem auf 58 °C temperierten Wasserbad 60 Minuten garen. Vor dem Servieren das Rehherz aus dem Sous-Vide-Beutel nehmen, abtupfen und in 0,5 cm dicke Scheiben schneiden. Die Butter in einer Pfanne aufschäumen, die Scheiben darin kurz anbraten und mit etwas Salz würzen.

LEBERCREME:
Die Rehleber sauber parieren und zusammen mit den aufgeschlagenen Eiern, der Nussbutter, dem Wildgewürz, dem Vanillezucker und etwas Salz in einem Standmixer pürieren. Die Masse in eine ofenfeste Form geben und im auf 80 °C vorgeheizten Backofen 20 Minuten pochieren. Anschließend alles in einen Standmixer umfüllen und zusammen mit der Sahne zu einer feinen Creme mixen. Die Rehlebercreme in einen Spritzbeutel abfüllen.

ARONIABEEREN:
Den Ingwer schälen, klein schneiden und zusammen mit allen anderen Zutaten ca. 15 Minuten kochen. Anschließend in ein sauberes, gut verschließbares Gefäß abfüllen.

VOGELBEEREN:
Alle Zutaten in einem Topf ca.10 Minuten kochen. Anschließend in ein sauberes, gut verschließbares Gefäß abfüllen.

ANRICHTEN:
Je 2 Tupfen der Rehlebercreme auf den Teller anrichten und mit zwei Scheiben schwarzer Nuss garnieren. Die Scheiben vom Rehherz daneben platzieren und mit etwas Jus vom Braten beträufeln. Die Aronia- und Vogelbeeren anrichten und das Ganze mit einigen Kräutern garnieren.

FLEDERMAUS MIT FRÜHLINGSGEMÜSE

Für 4 Personen
Zubereitungszeit: ca. 7 Stunden

FÜR DIE FLEDERMAUS MIT FRÜHLINGSGEMÜSE

800 g Fledermaus vom Rind (beim heimischen Metzger vorbestellen)
2 Bund grüner Spargel
8 Kräuterseitlinge
200 g italienischer Brokkoli (Cime di rape)
400 g vorgegarte Süßkartoffeln
Meersalz
frisch gemahlener schwarzer Pfeffer

FLEDERMAUS MIT FRÜHLINGSGEMÜSE:

Die Fleischteile zusammen in einem Beutel oder portionsweise vakuumieren und in einem auf 54 °C temperierten Wasserbad ca. 7 Stunden sous-vide garen.
Das rohe Gemüse waschen und putzen. Den Spargel und die Kräuterseitlinge halbieren, die Süßkartoffel in mundgerechte Stücke schneiden.
Die Fleischstücke aus dem Sous-Vide-Beutel nehmen und gut abtupfen. Anschließend am besten auf einem Holzkohlegrill, alternativ in einer Grillpfanne auf beiden Seiten grillen. Anschließend das Gemüse ebenfalls grillen und mit Meersalz und Pfeffer würzen. Das Fleisch vor dem Servieren quer zur Faser in ca. 1 cm dicke Scheiben aufschneiden.

ANRICHTEN:

Das gegrillte Gemüse auf die Teller verteilen und die Fleischscheiben daneben anrichten.

TIPP:

Die »Fledermaus« vom Rind auch Kachelfleisch genannt, ist ein spezielles Fleischstück aus dem Kreuzbein des Rindes.

BERGIDYLL MIT GRÜNEM STERN – »GUT STEINBACH«

Der Unternberg, der Geigelstein und die Steinplatte, die schon zu Tirol gehört, umgeben das sonnige Hochplateau, in dessen Mitte Gut Steinbach liegt. Der ehemalige Bergbauernhof wurde in den 1980er-Jahren in ein Hotel umgewandelt und bekam seinen noblen Schliff, als Klaus Graf von Moltke 2011 das Haus übernahm und es zu einem Relais-Châteaux umbaute.

Durch und durch alpenländisch ist das Ambiente des Hauses von den Stuben über den neu erbauten Wintergarten, den Spa-Bereich bis hin zu den sieben Châlets, die sich in traditioneller Chiemgauer Holzbauweise um einen kleinen Naturteich gruppieren. Hier können gestresste Großstädter die Seele baumeln lassen und in gepflegter Natur zur Ruhe kommen. Ob Wanderwege, Loipen oder Pisten, sommers wie winters gibt es viele Möglichkeiten, sich draußen zu bewegen und drinnen zu genießen.

Entsprechend dem Stil des Hauses ist auch die Küche alpenländisch geprägt. Was Küchenchef Achim Hack serviert, ist »Alpenländisches mit Aha-Effekt«, wie er es augenzwinkernd nennt. Die bayerischen Weihen hat sich der gebürtige Badener bereits am Tegernsee geholt. Zunächst als Souschef von Michael Fell im Sternerestaurant »Dichterstub'n« in den Egerner Höfen in Rottach-Egern, das inzwischen unter dem Namen »Gourmetrestaurant Dichter« in neuen Räumlichkeiten zu finden ist. Nach Michael Fell übernahm er als Chef und hielt das Sterneniveau bis zu seinem Wechsel in die Chiemgauer Berge. Er folgte dem Ruf von Graf von Moltke nach Reit im Winkl, wo er immer noch auf hohem Niveau kocht, aber den Focus mehr auf gehobene regionale Küche legt.

Das Rotwild steht vor der Haustür und wird vom Hausherrn Graf von Moltke persönlich erlegt und in die Küche gebracht, Jäger bringen Hirsch und Gams, das Biorind kommt aus nächster Umgebung, so wie auch viele andere Produkte, zumindest, soweit die Region es hergibt. Denn wir befinden uns hier im Bergland und nicht in einer fruchtbaren Ebene, weshalb der Koch hier auch im Großmarkt einkaufen muss. Aber selbstverständlich werden die Tiere von Kopf bis Schwanz verarbeitet und nicht nur die Edelteile, was den Gästen einer anspruchsvollen Hotelküche gar nicht so leicht zu vermitteln ist. »Dass nicht nur Rücken, Filet und Schnitzel auf den Teller kommen, mussten die Gäste erst lernen zu akzeptieren«, sagt der Küchenchef.

Außerdem versucht er, wo immer es geht, Folien und Plastik zu vermeiden, keine Convenience-Produkte zu verwenden und auch Basics möglichst selbst herzustellen. So wird fleißig eingelegt, eingekocht und konserviert, damit für Abwechslung auf dem Teller gesorgt ist. Die Ideen gehen Achim Hack so schnell nicht aus, er versteht sich meisterhaft darauf, Althergebrachtes neu zu interpretieren und pfiffig zu servieren. Dafür, dass der überwiegende Teil der Produkte nicht mehr als achtzig Kilometer zurücklegt und auch sonst nachhaltig gewirtschaftet wird, wurde die Küche von Achim Hack mit dem Grünen Stern des Guide Michelin 2021 ausgezeichnet.

KULINARISCHER HERBST

Der »Kulinarische Herbst« hat im Chiemgau inzwischen eine fast dreißigjährige Tradition, und Achim Hack ist einer der Küchenchefs, die seit Jahren daran teilnehmen. Der Spaß dabei ist nicht nur auf der Seite der Gäste, die in jedem der beteiligten Betriebe ein besonderes Menü serviert bekommen, sondern auch bei den Köchen, die sich gegenseitig dabei unterstützen und auch gemeinsam am Herd stehen (www.kulinarischer-herbst.de).

ROSA GEBRATENER KALBSTAFELSPITZ | KARTOFFELSTAMPF | JUNGER MANDEL-BROKKOLI | SELLERIE-MANDEL-CREME

Für 4 Personen
Zubereitungszeit: ca. 5 Stunden

FÜR DEN KALBSTAFELSPITZ
1 parierter Kalbstafelspitz (ca. 1,2 kg)
Salz
1 EL Butterschmalz
1 EL Butter
1 Zweig Rosmarin
1 Zweig Thymian

FÜR DEN KARTOFFEL-STAMPF
300 g mehlige Kartoffeln (z. B. Agria)
Salz
30 ml Olivenöl
Abrieb einer unbehandelten Zitrone
30 g glasierte Schalotten
10 g Schnittlauch
10 g glatte Petersilie
5 g Liebstöckel
frisch gemahlener schwarzer Pfeffer
frisch geriebene Muskatnuss

FÜR DIE SELLERIE-MANDEL-CREME
100 g Knollensellerie
500 ml Mandeldrink ohne Zucker
30 ml Leinöl
50 g geschälte, blanchierte Mandeln
Salz
frisch gemahlener weißer Pfeffer
frisch geriebene Muskatnuss

FÜR DEN JUNGEN MANDEL-BROKKOLI
100 g Brokkoli
Salz
1 EL Nussbutter

ZUM ANRICHTEN
1 EL gehobelte Salzmandeln

KALBSTAFELSPITZ:
Das Fleisch mit Salz würzen. Das Butterschmalz in einer Pfanne erhitzen und den Kalbstafelspitz von beiden Seiten anbraten.
In einer ofenfesten Pfanne die Butter mit dem Rosmarin und dem Thymian aufschäumen und den Tafelspitz dazugeben. Die Pfanne in den auf 60 °C vorgeheizten Backofen (Ober-/Unterhitze) stellen und den Kalbstafelspitz bis zu einer Kerntemperatur von 54 °C garen. Die Kerntemperatur dabei mit einem Fleischthermometer kontrollieren. (Kann ca. 4–5 Stunden dauern.)

KARTOFFELSTAMPF:
Die Kartoffeln mit Schale in gut gesalzenem Wasser kochen. Die Kartoffeln schälen, ausdampfen lassen und mit einer Gabel grob zerdrücken. Dann die restlichen Zutaten zugeben, alles gut vermengen und abschmecken. Den Stampf in den Ofen zum Fleisch stellen, um ihn warm zu halten.

SELLERIE-MANDEL-CREME:
Den Sellerie im Mandeldrink aufkochen und sehr weich garen. Anschließend in einen Standmixer umfüllen, die restlichen Zutaten zufügen und zu einer sehr feinen Creme mixen. Die Selleriemandelcreme in eine ofenfeste Form füllen und im Ofen warmhalten.

JUNGER MANDELBROKKOLI:
Den Brokkoli in kochendem Salzwasser blanchieren. Mit einem Schaumlöffel aus dem Wasser heben, in ein Sieb geben und mit sehr kaltem Wasser abbrausen. Dann gut abtropfen lassen. Vor dem Servieren die Nussbutter in einer Pfanne erhitzen und den Brokkoli anbraten.

ANRICHTEN:
Den Kartoffelstampf und die Sellerie-Mandel-Creme mit Hilfe von Anrichteringen auf den Tellern anrichten. Den Kalbstafelspitz in Würfel oder Scheiben schneiden und auf dem Püree anrichten. Den Brokkoli danebenlegen und mit den Salzmandeln bestreuen.

ROSÉ

ROTE BETE KNÖDEL | GEPICKELTE RINGELBETE | RAUCHJOGHURT | ALPENDASHI

Für 4 Personen
Zubereitungszeit: ca. 5 Stunden

FÜR DAS ALPENDASHI

Schalen von 10 gewaschenen unbehandelten Kartoffeln
50 g Herbsttrompetenpilze
50 g Champignons
100 g Schalotten
50 g Rote Bete
50 g frische, reife Tomaten
10 g Himbeeren
50 ml Himbeeressig
50 ml Sojasauce
1 kg Eiswürfel
Maisstärkemehl (optional)

FÜR DIE GEPICKELTE RINGELBETE

1 Ringelbete
33 ml Weißweinessig
10 g Zucker
3 g Salz
3 g helle Senfkörner
1 Estragonzweig

FÜR DIE ROTE-BETE-KNÖDEL

600 ml eingekochter Rote-Bete-Saft
500 g Semmeln vom Vortag
200 ml Vollmilch (3,5 % Fettgehalt)
Salz
frisch gemahlener schwarzer Pfeffer
frisch geriebene Muskatnuss
50 g geklärte Butter
50 g vorgekochte, gewürfelte Rote Bete
50 g Rote-Bete-Püree
1 Ei
100 g Bergkäse (ca. 12 Monate gereift)
3 Eiweiß

FÜR DAS ROTE-BETE-PÜREE

200 g vorgekochte Rote Bete
30 g gefrorene Himbeeren
10 ml Himbeeressig
50 g Nussbutter

FÜR DEN RAUCHJOGHURT

1 unbehandelte Limette
100 g Joghurt (3,8 % Fettgehalt)
Rauchöl
Salz
Zucker
frisch gemahlener schwarzer Pfeffer
frisch geriebene Muskatnuss

ALPENDASHI:

Die Kartoffelschalen im auf 160 °C vorgeheizten Backofen (Ober-/Unterhitze) ca. 10 Minuten goldbraun rösten. Die Pilze und das Gemüse klein schneiden und mit allen restlichen Zutaten bis auf das Stärkemehl sowie 2 l Wasser in einem Topf bei 80 °C zwei Stunden ziehen lassen (Die Eiswürfel sorgen dafür, dass es nicht zu heiß wird). Danach durch ein Sieb in einen Topf passieren, aufkochen und zu einer schönen Konsistenz abbinden. Nach Wunsch mit dem Stärkemehl etwas binden. Zum Schluss nochmals abschmecken.

GEPICKELTE RINGELBETE:

Die Ringelbete schälen, aufkochen und kalt werden lassen. Anschließend die Ringelbete in dünne Scheiben schneiden oder hobeln. Den Essig mit 100 ml Wasser, dem Zucker, dem Salz, den Senfkörnern und dem Estragon zu einer Marinade verrühren. Die Ringelbetescheiben mit der Marinade vermischen.

ROTE BETE KNÖDEL:

300 ml Rote-Bete-Saft um die Hälfte reduzieren. Die Semmeln in 2 x 2 cm große Würfel schneiden und in eine große Schüssel füllen. Den reduzierten Rote-Bete-Saft mit der Milch aufkochen und mit Salz, Pfeffer und Muskatnuss würzen. Die Butter untermischen und das Ganze über die Semmelwürfel gießen. Die Schüssel abdecken und die Semmelwürfel 10 Minuten ruhen lassen. Anschließend die Rote-Bete-Würfel und das -Püree vorsichtig unterheben, dann das Ei und den fein gewürfelten Bergkäse dazu geben. Das Eiweiß steif schlagen und unter die Semmelmasse heben. Mit etwas angefeuchteten Händen Knödel formen. Den restlichen Rote-Bete-Saft (300 ml) mit reichlich Wasser aufkochen, kräftig würzen und die Knödel darin garziehen lassen. Die Knödel mit einem Schaumlöffel aus dem Rote-Bete-Saft heben und gut abtropfen lassen.

ROTE-BETE-PÜREE:

Alle Zutaten in eine Multifunktions-Küchenmaschine geben, fein pürieren und auf 80 °C erwärmen.

RAUCHJOGHURT:

Die Limette heiß abwaschen und gut trocken tupfen. Die Schale fein abreiben und den Saft auspressen. Alle Zutaten in eine Schüssel geben und gut verrühren.

ANRICHTEN:

Das Rote-Bete-Püree auf den Tellern ausstreichen und die Rote-Bete-Knödel darauf anrichten. Etwas Alpendashi darübergeben und die gepickelte Ringelbete daneben platzieren.

Gut Steinbach

DAS DREIMÄDERLHAUS – »FORSTHAUS ADLGASS«

Fast tiefenentspannt steht Uschi Pastötter in der Tür des schmucken Hauses. Im Türstock über ihr ist die Jahreszahl 1765 in den Stein gemeißelt, und ein großes Geweih über der Tür erinnert an die Vergangenheit des stattlichen Gebäudes als Forsthaus. Gelassen schaut die Frau im Dirndl auf das Treiben vor ihr. Sämtliche Tische und Bänke, sowohl auf der Terrasse als auch auf der grünen Wiese, sind besetzt. Kellner- und Kellnerinnen tragen Tabletts mit Knödeln und Braten, aber auch mit Kaffee und Kuchen an der Chefin vorbei. Es ist ein schöner Sommertag, und Wanderer mit Rucksäcken, Radler und Familien mit Kindern stürmen das Gasthaus, das bekannt ist für seine gute, regionale Küche. Auch der Parkplatz des beliebten Ausflugsziels ist voll. An schönen Tagen herrscht hier immer Trubel, aber der bringt Uschi Pastötter nicht aus der Ruhe. Sie nimmt sich trotzdem Zeit, um mit den Damen vom einheimischen Kaffeekränzchen einen kleinen Schwatz zu halten. Für die köstlichen, selbst gebackenen Kuchen wie Millirahmstrudel, Holunder-Sahnetorte, Käsekuchen, Kirschstreusel, Aprikosendatschi oder Vollwertmohnkuchen pilgern auch die Inzellerinnen gerne ins Forsthaus. Es liegt idyllisch inmitten der schönsten Berglandschaft mit Blick auf das Staufenmassiv, umgeben von saftigen Wiesen und Wäldern. Um Terrasse und Biergarten wuchern Blumen und Nutzpflanzen bunt durcheinander. Zwiebeln, Lauch und Mangold wachsen in Hochbeeten zwischen Kapuzinerkresse, Ringelblumen und Basilikum, an der Hauswand ranken Tomaten empor, und in einem kleinen Gewächshaus herrscht ein herrliches Durcheinander von Kräutern und Blumen – das alles wandert von hier direkt in die Küche. Sie müsste sich mal wieder mehr drum kümmern, sagt Uschi Pastötter, deren Hobby der Permakulturgarten ist. Aber gerade ist einfach zu viel los.

1308 wurde Adlgaß erstmals urkundlich erwähnt als Lehen des Klosters San Zeno in Bad Reichenhall. Bis ins 19. Jahrhundert ist belegt, wer gekauft, geerbt oder verkauft hat. Erst 1854 wird aus dem ehemaligen Gut eine Forstwartei und das umliegende Gelände aufgeforstet. Allerdings ist es eines der wenigen Forsthäuser, in denen man damals schon einkehren kann. Nachdem die Forstwartei nach Inzell verlegt wird, pachten Thekla und Hans Maier das Haus. Bis 1999 leiten sie es als Gasthaus. Anschließend erwerben die drei Töchter Uschi, Gertrud und Christine das Anwesen und führen es seither mit ihren Familien als »Dreimäderlhaus«. Gertrud Maier ist die Küchenchefin, und abgesehen davon, dass hier alles sowieso frisch zubereitet wird, legt sie größten Wert auf regionale Produkte. Passend zur Geschichte und zum Ambiente stehen Wildgerichte ganz oben auf der Karte, angefangen vom Hirschbraten über Rehragout bis zum Gamsbraten, eine Rarität, die es hier ab und zu gibt, wenn der Jäger eine Gams vorbeibringt. Für die drei Slow-Food-Anhängerinnen und Betreiberinnen eines von Slow Food Deutschland e.V. ausgezeichneten Betriebs ist Transparenz ein wichtiger Aspekt der Unternehmensphilosophie. Wer die Broschüre mitnimmt, in dem die Lieferant*innen des Wirtshauses ausführlich vorgestellt werden, hat damit fast schon einen regionalen Einkaufsführer in der Hand. Hier erfährt man, dass die Semmelknödel im Forsthaus Demeter-Qualität haben, denn das Knödelbrot stammt aus einer alteingesessenen Biobäckerei. Auch Kartoffeln und Getreide stammen vom Demeter-Hof. Naturnaher als das Wild, das die Jäger vorbeibringen, kann Fleisch nicht sein, aber auch die anderen Fleisch- und Wurstwaren liefern regionale Bauern und Metzger. Der Fisch tummelt sich im klaren Quellwasser in Inzell, bevor er auf den Tisch kommt, und die Getränke sind genauso sorgsam ausgewählt, wie die übrigen Zutaten. Weine und Säfte sind fast ausschließlich Bioqualität, genauso wie das Bier aus der Privatbrauerei Wieninger in Teisendorf.

Das Forsthaus ist nicht nur im Sommer ein beliebtes Ziel. Im Winter wird es richtig gemütlich, wenn in den vier holzgetäfelten Stuben die Kachelöfen brennen. Wenn alles weihnachtlich dekoriert ist und Schnee und Frost die Landschaft verzaubern, kann man von hier aus wunderbare Winterspaziergänge unternehmen. Dann ist der nahe gelegene Frillensee noch idyllischer als im Sommer.

DER FRILLENSEE

Eiskalt und grün leuchtet der angeblich kälteste See Mitteleuropas in der Wintersonne oder verschwimmt in den Nebeln, die sich mit Schnee und Eis mischen. Im Sommer ist er ein stiller grüner Fleck, ein fast meditativer Anblick. Ein Naturerlebnisweg führt zu und um den See, der oft schon im Herbst eine Eisdecke trägt, die sich bis zu fünf Monate lang halten kann. Kein Wunder, dass der Eisschnelllauf und Eishockey-Sport hier ihren Anfang genommen haben, 1963 wurden sogar die Deutschen Meisterschaften auf dem Frillensee ausgetragen. Inzwischen ist man doch lieber ins Stadion nach Inzell umgezogen, um nicht den harten Bedingungen am See ausgesetzt zu sein und ihn den Spaziergängern zu überlassen.

WILDPFLANZERL

Für 6 Personen
Zubereitungszeit: ca. 45 Minuten

FÜR DIE WILDPFLANZERL
2–5 EL Semmelbrösel
1 Karotte
1 Zwiebel
1 kleiner Bund glatte Petersilie
1 Zweig Thymian
ca. 1,2 kg Wildfleisch (z. B. Reh, Hirsch oder Gams aus der Schulter oder Gulaschfleisch)
4 Eier
Salz
frisch gemahlener schwarzer Pfeffer
frisch gemahlene Muskatnuss
etwas gemörserte Wachholderbeeren
getrocknete Sellerieblätter
2 EL Butterschmalz oder neutrales Pflanzenöl

ANRICHTEN
Beilagen nach Wahl (z. B. Kartoffelpüree und Karottengemüse)

WILDPFLANZERL:
Die Semmelbrösel in sehr wenig Wasser etwas aufquellen lassen. Die Karotte schälen, die Zwiebel abziehen. Die Petersilie und den Thymian waschen und gut trocken schütteln. Die Karotte, die Zwiebel und die Petersilie grob zerkleinern, die Thymianblättchen abzupfen. Das Fleisch in grobe Stücke schneiden und zusammen mit dem Gemüse und den Kräutern durch einen Fleischwolf drehen. Die Hackfleischmasse mit den Eiern und der für einen sämigen Fleischteig benötigten Menge Semmelbröseln vermengen. Den Fleischteig mit den Gewürzen kräftig abschmecken.
1 EL Butterschmalz oder Öl in einer Pfanne erhitzen. Aus dem Fleischteig mit leicht angefeuchteten Händen 12 Pflanzerl formen und portionsweise (je 6 Pflanzerl) im heißen Fett braten.

ANRICHTEN:
Die Pflanzerl auf den Tellern platzieren und die gewählten Beilagen daneben anrichten.

KRÄUTERSUPPE

Für 4 Personen
Zubereitungszeit: ca.

FÜR DIE KRÄUTERSUPPE
750 ml hausgemachter Gemüsefond
1 Bund gemischte Kräuter (z. B. Petersilie, Dill, Kresse, Estragon usw.)
4 EL flüssige Sahne
Kräutersalz
frisch gemahlener schwarzer Pfeffer
flüssiger Honig
Zitronensaft

ANRICHTEN
etwas geschlagene Sahne

KRÄUTERSUPPE:
Den Gemüsefond erhitzen. Die Kräuter waschen, trocken tupfen und in einen Standmixer geben. Die Sahne dazu gießen und kurz mixen. Anschließend den heißen Gemüsefond zugeben und erneut mixen. Die Kräutersuppe durch ein feines Sieb streichen und in einen Topf füllen. Nochmals gut erhitzen und mit Kräutersalz, Pfeffer, Honig und etwas Zitronensaft abschmecken.

ANRICHTEN:
Die Suppe in tiefe Teller füllen und mit einem Tupfen geschlagener Sahne servieren.

ALTE SCHULE MIT FRISCHEM WIND – DOMINIK WACHTER

Prien ist das Tor zum Chiemsee und der größte Ort, quasi die Metropole am See. Der Marktfleck mit netten Geschäften, Galerien und Restaurants ist der Hotspot zum Bummeln und Flanieren, zum Shoppen und Essengehen. Das erste Haus am Platz war viele Jahre das Restaurant des Sternekochs Thomas Mühlberger, der zuletzt eine Kochschule führte. Dort weht jetzt ein frischer Wind, denn der junge Priener Dominik Wachter hat das Lokal seines ehemaligen Chefs übernommen. Er wird hier aber keine Sterneküche mehr unterrichten, sondern mit einem kleinen, aber feinen Restaurant in die Fußstapfen seines Lehrmeisters treten.

»Eine Auszeit vom Alltag« verspricht der junge Küchenchef, der aus der ehemaligen Kochschule einen kleinen, aber feinen Speisesalon gemacht hat, mit stilvollem Interieur. Mittel- Dreh- und Angelpunk ist und bleibt die Food-Bar. Die meisten Plätze sind um einen Tresen angeordnet, sodass die Kommunikation in die Runde leichtfällt. Auch mit dem Koch kommt man ins Gespräch, schaut zu, kann ein wenig fachsimpeln über Produkte, Weine oder Zubereitungsmethoden. Oder einfach nur zuschauen und staunen, wie er mit der Pinzette seine filigranen Teller anrichtet, Fisch oder Fleisch tranchiert. Klar, dass nicht das komplette Menü vor dem Gast zubereitet wird, sagt Dominik Wachter, aber die letzten Schritte, auf die es ankommt, um die Vorfreude aufs Essen zu steigern.

Der gebürtige Priener ist seiner Heimat treu geblieben, von der Schule über die Lehre bis zum Schritt in die Selbstständigkeit. Kein Wunder, dass er bestens vernetzt ist und rund um den See all jene kennt, die ihm die besten Produkte liefern können. Von den Chiemseefischen über die Biolämmer bis zu den Biohühnern, bezieht er alles von Bekannten aus der Umgebung. Auch das Mehl für sein Sauerteigbrot stammt selbstverständlich aus der Region. Aber er ist nicht nur ein leidenschaftlicher Bäcker und bäckt Brot, wie man es früher gemacht hat. Seine Leidenschaft gilt auch dem Sammeln und Pflücken. In der Natur holt er sich seine Inspiration: Jede freie Minute ist er in Wald, Wiese und Flur unterwegs, auf der Suche nach Pilzen, Wildkräutern, Blüten, Beeren und Samen, die er zu Hause einlegt, mariniert oder fermentiert.

Aus dieser Schatzkammer schöpft er das ganze Jahr über und setzt damit diese kleinen süßen, sauren oder würzigen Kontrapunkte, die seine Gerichte so spannend machen. Eigentlich ist das eine Rückbesinnung auf die Tradition der Großeltern, auf die Schatzkammern der Großmütter, die allerdings darauf angewiesen waren, Obst und Gemüse für den Winter haltbar zu machen, denn der Supermarkt, der ständig alles frisch bereithält, war damals noch nicht erfunden. Heute kann man aus dem Vollen schöpfen, aber immer mehr junge Küchenchef*innen konzentrieren sich auf das Wesentliche.

»Der Star in der Küche ist das heimische Produkt«, sagt Dominik Wachter, »aber die Gewürze dürfen ruhig auch mal exotisch sein.« Ein Hauch Asien, eine Prise Fernost, das Spiel mit Frucht und Säure, Wasabi statt Meerrettich, eingelegter Rhabarber anstelle von Ingwer, das sind die Überraschungsmomente, die dem Priener Koch Spaß machen. Auch für Trinkgenuss ist gesorgt, in Form einer kleinen, aber feinen Weinauswahl, mit den Schwerpunkten Österreich, Deutschland, Italien. Gespannt sein darf man auf die alkoholfreie Weinbegleitung, die er anbieten will, an der aber noch getüftelt wird.

WARME CHIEMSEE-RENKE MIT RHABARBER UND HOLUNDER

Für 4 Personen
Zubereitungszeit: ca. 45 Minuten plus 2–3 Wochen Ruhezeit

FÜR DEN EINGELEGTEN RHABARBER

200 g rotschaliger Rhabarber (z. B. Holsteiner Blut)
50 g heller Essig (z. B. Reisessig, weißer Balsamico)
50 g Zucker
5 g Salz
2 cm frischer Ingwer

FÜR DIE EINGELEGTEN HOLUNDERKNOSPEN

1 Handvoll Holunderknospen
50 g Salz
200 g heller Essig (z. B. weißer Balsamico, Estragonessig)

FÜR DIE WARME CHIEMSEE-RENKE

2 frische Renken oder 4 Renkenfilets
1 unbehandelte Limette
Salz
Zucker
1 TL Olivenöl

EINGELEGTER RHABARBER:

Den Rhabarber waschen, schälen und in ca. 10 cm lange Stücke schneiden.
Die Schalen mit den restlichen Zutaten und 150 ml Wasser in einen Topf geben und aufkochen lassen. Den Rhabarber mit Hilfe eines Sparschälers der Länge nach in dünne Streifen schneiden und in ein sterilisiertes Glas geben. Den kochenden Sud darüber gießen und sofort verschließen. Den Rhabarber mindestens 2–3 Wochen durchziehen lassen.

EINGELEGTE HOLUNDERKNOSPEN:

Die Holunderknospen putzen, mit dem Salz in ein verschließbares Gefäß geben, mit kaltem Wasser bedecken und über Nacht ziehen lassen. Dann die Knospen in ein Sieb gießen und waschen. In einem Topf Salzwasser aufkochen und die Knospen 3 Minuten blanchieren. Mit einem Schaumlöffel herausheben, abtropfen lassen und in ein steriles Einmachglas füllen. Den Essig aufkochen, heiß über die Holunderknospen gießen und das Glas sofort verschließen. Die eingelegten Holunderknospen anschließend mindestens 4 Tage durchziehen lassen.

WARME CHIEMSEE-RENKE:

Die Renken filetieren und die Gräten mit Hilfe einer Pinzette herausziehen. Die Limette heiß abwaschen, gut abtrocknen und die Schale fein abreiben. Die Filets mit Salz, etwas Zucker und dem Abrieb der Limettenschalen marinieren und mit der Hautseite nach oben auf einen geölten Teller legen. Den Teller in den auf 80 °C vorgeheizten Backofen (Ober-/Unterhitze) stellen und die Renkenfilets ca. 8–10 Minuten garen, bis sich die Haut leicht abziehen lässt.

ANRICHTEN:

Die lauwarmen Renkenfilets mit dem eingelegten Rhabarber und Holunderknospen anrichten.

BIO-HÜHNERKEULE MIT CHIEMGAUER MORCHELN UND ERB-SENPÜREE

Für 4 Personen
Zubereitungszeit: ca. 60 Minuten

FÜR DIE BIO-HÜHNERKEULE
1 kleiner Bund Bärlauch
4 Bio-Hühnerkeulen
Salz
frisch gemahlener schwarzer Pfeffer

FÜR DAS ERBSENPÜREE
1 kleine Zwiebel
50 g Butter
250 g Erbsen (frisch oder TK)
Zucker
Salz
frisch gemahlener schwarzer Pfeffer
einige Spritzer Zitronensaft

FÜR DIE MORCHELN
150 g frische Morcheln
2 EL Butter
Salz
40 ml süßer Sherry
etwas Geflügelbrühe
200 ml flüssige Sahne

BIO-HÜHNERKEULE:
Den Bärlauch waschen und trocken tupfen. Vorsichtig auf der Rückseite der Keulen den Knochen auslösen, ohne dabei die Haut zu verletzen. Das ausgelöste Keulenfleisch mit Salz und Pfeffer würzen. Das Fleisch dann mit der Hautseite nach unten in einer beschichteten Pfanne ohne Fettzugabe langsam braten. Sobald das Fett austritt, den Bärlauch zugeben. Wenn die Haut goldgelb und knusprig ist, die Keulen wenden und bei niedriger Temperatur langsam garziehen lassen.

ERBSENPÜREE:
Die Zwiebel abziehen und in feine Würfel schneiden. Die Butter in einem Topf erhitzen und die Zwiebeln darin anschwitzen. Die Erbsen und etwas Wasser dazugeben und mit etwas Zucker, Salz und Pfeffer würzen. Die Erbsen bei mittlerer Temperatur sehr weich kochen. Den kompletten Topfinhalt in einen Standmixer füllen und zu einem feinen Püree mixen. Mit etwas Zitronensaft, Salz und Pfeffer abschmecken und gegebenenfalls noch etwas Butter untermixen, sollte das Püree nicht cremig genug sein.

MORCHELN:
Die frischen Morcheln putzen und waschen. 1 EL Butter in einer Pfanne erhitzen und die Morcheln anbraten. Mit Salz würzen und mit dem Sherry ablöschen. Die Flüssigkeit einkochen lassen und dann mit so viel Geflügelbrühe aufgießen, dass der Pfannenboden bedeckt ist. Einen Deckel auflegen und die Morcheln 10 Minuten garziehen lassen. Dann die Pilze aus der Sauce heben und warmstellen. Die Sauce reduzieren. Anschließend die Sahne und kalte Butter zugeben und mit einem Stabmixer mixen. Dann die Pilze wieder in die Sauce geben und die Sauce mit Salz abschmecken.

ANRICHTEN:
Das Erbsenpüree auf den Tellern ausstreichen und die Hühnerkeulen darauf platzieren. Die Morcheln daneben anrichten und mit der Sauce beträufeln.

MARITIMES FLAIR AM SIMSSEE – DIE »SIMSSEE-STUBEN«

Schon Ende des 19. Jahrhunderts entdeckten die Sommerfrischler den Simssee. Als 1895 die Bahnstation Krottenmühl eröffnet und zwei Hotels gebaut wurden, kamen sie in Scharen mit dem Freizeitzug aus München. Vom Ostbahnhof dauerte die Fahrt nur zweieinhalb Stunden bis ins »Seebad Krottenmühl«, wie sich der Ort damals stolz nannte. Der alte Bahnhof ist längst außer Betrieb, und das mit dem »Seebad« hat sich auch erübrigt. Aus dem ehemaligen Kiosk neben dem damals schon existierenden Strandbad ist allerdings ein weithin bekanntes Restaurant geworden: die »Simssee-Stuben«.

Die Terrasse mit Seeblick ist der ideale Platz, um einen Sommerabend so richtig zu genießen, nach einem Badetag am See oder einem kurzen Sprung ins Wasser. Die Badewiese mit Steg ist direkt nebenan. Wer die Badehose nicht ausziehen möchte, lässt sich im Pavillon bewirten, aber gepflegter geht es natürlich im Restaurant zu. Das Lokal hat einen charmant-improvisierten Touch, und die weiß-blaue Ausstattung bringt einen Hauch Griechenland und Meeresluft an den Simssee.

Geschaffen haben das Refugium eine Rosenheimerin und ein Westfale, Maria Maisenbacher und Christian Eickel. »Es war eher eine Bruchbude, die wir 2005 übernommen haben«, sagt Maria Maisenbacher lachend, »ein kleines Häuschen am See mit Wintergarten.« Im Laufe der Jahre haben die beiden immer wieder angebaut, umgebaut und verbessert. Die nebenbei immer noch freiberuflich tätige Modedesignerin kümmert sich um die Dekoration und die Buchhaltung, Christian Eickel, ebenfalls Quereinsteiger, zeichnet für Restaurant und Küche verantwortlich. Dem gelernten Kaufmann war sein Bürojob einfach zu langweilig, und weil er schon im-

mer gerne Gäste bewirtet hat, machte er sein Hobby zum Beruf. Im Laufe der Jahre haben sich die »Simssee-Stuben« für ihre feine Fischküche einen Namen gemacht, der sich bis München herumgesprochen hat. Zu Beginn reichte der Fang aus dem See aus, um täglich den Bedarf der Restaurantküche zu decken. Inzwischen fängt der örtliche Fischer nicht mehr genug, um alle Gäste zufriedenzustellen. »Die Nachfrage ist größer geworden, und der See gibt nicht mehr so viel her wie früher«, sagen die Wirtsleute. Der Simssee ist mit seinen zweiundzwanzig Metern nicht sehr tief, und entsprechend schnell erwärmt sich das Wasser. »Renken gab es in diesem Sommer gar keine mehr«, sagt Christian Eickel bedauernd, denen ist es schon zu warm geworden. Aber immerhin, Hecht und Zander liefert der Fischer noch fangfrisch, die anderen Fische werden von Chiemsee- und Bodenseefischern oder aus nahe liegenden Zuchten zugekauft.

Den »Blackened Zander«, ein Rezept für Fisch mit einer würzigen Kruste, die nach Karibik schmeckt, haben die beiden Wirtsleute aus dem Urlaub mitgebracht und nachgekocht. Inzwischen gehört es zu den beliebtesten Fischgerichten in den »Simssee-Stuben«. Viele Stammgäste kommen auch wegen der »Großen gemischten Fischplatte« oder der »Roten Fischsuppe« mit Karpfen, so Christian Eickel. »Aber«, fügt er hinzu, »wir sind schließlich in Bayern, und da darf ein Schnitzel und ab und zu ein Schweinebraten auf der Karte nicht fehlen.« Die Schnitzel und der Braten sind vom »Bayerischen Strohschwein«, geliefert von einer Initiative von Bauern, deren Tiere nicht mehr auf Spaltböden, sondern auf Stroh stehen. Viel Mühe gibt sich die Küche in den Simssee-Stuben auch mit vegetarischen Gerichten, mit Bowls, Gemüsecurrys oder Pasta-Variationen. Ein Kuriosum ist der Pizzaofen, den man hier nicht vermuten würde. »Er stammt noch vom Vorgänger«, sagt Maria Maisenbacher, »und warum ihn nicht nutzen, wenn er schon da ist.« Und weiter erzählt sie, dass sie auf dem Dachboden ein altes, handgeschriebenes Kochbuch mit einem Rezept für toskanisches Weißbrot gefunden hat, nach dem immer noch der Pizzateig hergestellt und ab und zu Brot gebacken wird.

Wer am See ein rauschendes Fest feiern möchte, kann das im traumschönen historischen Seehaus, das von den Simssee-Stuben als Event-Location genutzt wird. Das beeindruckende Fachwerkhaus, inzwischen liebevoll restauriert, wurde 1895 als Hotel eröffnet und bietet einen stilvollen Rahmen für Hochzeiten, Geburtstage und was es sonst noch zu feiern gibt.

DIE »BLACKENING«-TECHNIK

Das »Schwärzen« von Fisch oder Fleisch mit Gewürzen (daher der »Blackened« Zander) ist ein Begriff, den man mit der Cajun-Küche der amerikanischen Südstaaten verbindet. Darin vereinen sich die Einflüsse von französischer, spanischer und kreolischer Küche. Die dafür benötigte Gewürzmischung gibt es zwar fertig zu kaufen, aber in den »Simssee-Stuben« stellt man sie selbst her.

BLACKENED ZANDER

Für 4 Personen
Zubereitungszeit: ca. 15 Minuten

FÜR DEN BLACKENED ZANDER

12 g rosenscharfes Paprikapulver
25 g Salz
5 g Zwiebelgranulat
12 g Knoblauchpulver
5 g weiße Pfefferkörner
5 g schwarze Pfefferkörner
10 g getrockneter Thymian
5 g Cayennepfeffer
5 g getrockneter Oregano
2 Zander
2 EL Öl

FÜR DIE SAUCE

100 ml Fischfond
100 ml flüssige Sahne
½ weich gegarte mehligkochende Kartoffel
Salz
frisch gemahlener weißer Pfeffer
1 Sprinter Zitrone
1 EL fein gehackte Dillspitzen

ZUM ANRICHTEN

Pfannengemüse der Saison
Rosmarinkartoffeln
Zitronenspalten

BLACKENED ZANDER:

Alle Gewürze in eine Gewürzmühle oder einen Standmixer füllen und zu einem feinen Pulver mahlen. Den Fisch säubern, filetieren und die Filets auf Gräten kontrollieren. Die Filets auf beiden Seiten mit der Gewürzmischung einreiben. Das Öl in einer Pfanne erhitzen und die Filets anfangs auf der Hautseite 2–3 Minuten braten. Einmal wenden und weitere 2–3 Minuten braten.

SAUCE:

Den Fischfond mit der Sahne erhitzen und nach Wunsch zusammen mit der Kartoffel in einen Standmixer umfüllen und zu einer sämigen Sauce mixen. Die Sauce mit Salz, weißem Pfeffer, dem Zitronensaft und dem Dill abschmecken.

ANRICHTEN:

Die Fischfilets auf den Tellern platzieren. Das Gemüse, die Kartoffeln und die Zitronenspalte daneben anrichten. Ewas Sauce darüber träufeln.

TIPP:

Die schwärzliche Färbung (»blackened«) entsteht durch das Paprikapulver.

SINGLE MALT VOM BAYERISCHEN MEER – »KYMSEE WHISKY«

Im Herbst und Winter kann es in Grabenstätt schon mal ein wenig Schottlandfeeling geben, wenn die Nebel vom See heraufziehen und die Berge in düstere Wolken gehüllt sind. Aber noch mehr stellt sich dieses Gefühl ein, wenn Oliver Lange die Tür zu seiner Destille öffnet und dort eine klare Flüssigkeit ins Glas rinnen lässt. »Unser Malzbrand ist so was wie in Schottland der New Make«, sagt der Braumeister und erklärt weiter, »Geschmack und Farbe beim Whisky kommen zu siebzig Prozent vom Fass und zu dreißig Prozent vom Brand.« Damit der Brand die goldgelbe Whisky-Farbe annimmt, lagert ihn Oliver Lange in verschiedenen Holzfässern, zum Beispiel aus amerikanischer Weißeiche, die bereits für Bourbon benutzt wurden, oder in Sherryfässern. Aber das ist eine Wissenschaft für sich, die der Brennmeister gerne und ausführlich bei den Tastings erklärt, bei denen er nicht nur gerne in die Welt des Kymsee-Whiskys einführt, sondern wo auch irische und schottische Whiskys verkostet werden. Doch wie kam der Whisky an den Chiemsee? Eigentlich ist der Brenner ja Braumeister, und wenn man es genau nimmt, war er sogar der erste Craftbier-Brauer der Gegend. 1994, als der Begriff noch weitestgehend unbekannt war, eröffnete er am Ortsrand von Grabenstätt seine Hausbrauerei. »Das«, sagt er stolz, »war außerdem die erste Brauerei überhaupt, die seit den 1880er-Jahren im Landkreis Traunstein neu eröffnet wurde.« Sein Zwickelbier und der dunkle Bock, den er braute, kamen gut an, und in dem kleinen Brauhaus fand so mancher gesellige Abend statt. An so einem Abend muss es gewesen sein, dass ein Stammgast von seinem Brennrecht erzählte, das er nicht nutzte. Da wurde der Whiskyfan Lange hellhörig, denn es handelte sich um das im Chiemgau seltene Recht »mehlige Stoffe« zu brennen, also auch Malz. Mit Bierlikör hatte er schon Erfahrung, jetzt durfte er sich endlich an Bierbrand und Whisky versuchen. Ehefrau Eva war begeistert und nahm das neue Destillat sofort in ihre Produktpalette mit auf, die sie schon für Bier entwickelt hatte. So gibt es in dem Brauereiladen nicht nur Bieressig und Bockbiergelee, der hervorragend zu Wild passt, sondern auch Whisky-Senf, Grill- und Barbecue-Saucen oder Marmeladen, die mit Whisky verfeinert sind.

Eva Lange probiert und tüftelt immer wieder neue Rezepte aus, verfeinert den eigenen Honig mit Whisky oder lässt vom Metzger »Whiskywurzerl« machen. Sie kocht und bäckt leidenschaftlich gerne, und auch wenn sie Erzieherin gelernt hat, ist das ihre wahre Berufung, schließlich war die Großmutter schon Köchin und der Vater Metzger. Deftige bayerische Küche, selbst gebackenes Brot und Semmeln, dazu alte Wurstsorten wie Rossbratwürste, Debreziner oder Schwarzgeräuchertes aus Niederbayern, das alles schmeckt in der gemütlichen Stube des Brauhauses oder im Sommer auf der Terrasse davor. Radler legen auf ihrer Tour um den Chiemsee hier gerne einen Zwischenstopp ein und genehmigen sich ein frisches Bier. Erstaunt stellen viele fest, dass es noch mehr zu entdecken gibt und kommen dann wieder, zu Verkostungen oder auch einem Tasting-Menü.

Zu diesen Anlässen kocht Eva Lange richtig auf, dann gibt es Rehbraten mit Kräutern in Whisky-Johannisbeer-Sauce mit hausgemachten Spätzle oder den Klassiker, gespickten Schweinehals mit Backknöderl und Salat mit Whisky-Dressing, kräftige Unterlagen für Bier und Whisky.

DIE HIRSCHAUER BUCHT

Von der Kymsee-Whiskybrennerei sind es nur ein paar hundert Meter zu einem der schönsten Naturschutzgebiete rund um den Chiemsee, der Hirschauer Bucht. Hier, im Achendelta, mündet die Tiroler Ache in den See. In diesem einmaligen Naturreservat, im Grabenstätter Moos, befindet sich ein Naturbeobachtungsturm und eine Beobachtungsplattform mit vielen Informationstafeln zur Entstehung des »Bayerischen Meeres« und zu den seltenen Vögeln und Pflanzen, die man hier noch entdecken kann.

COLE SLAW

Für 4 Personen
Zubereitungszeit: ca. 30 Minuten plus Ruhezeit nach Wunsch

FÜR DEN COLE SLAW

1 mittelgroßer Kopf Weißkraut
3 Karotten
50 ml weißer Balsamico
30 ml Sonnenblumenöl
1 TL Zucker
Salz
frisch gemahlener schwarzer Pfeffer
50 g Sonnenblumenkerne

COLE SLAW:

Das Weißkraut putzen, vierteln und den Strunk entfernen. Dann am besten mit einem Gemüsehobel oder einem scharfen Messer in feine Streifen schneiden und in eine große Schüssel füllen. Die Karotten schälen, zum Kraut raspeln und vermischen. Mit dem Essig, dem Öl, dem Zucker, Salz und Pfeffer würzen und alles gut mischen. Die Sonnenblumenkerne in einer beschichteten Pfanne ohne Fettzugabe rösten und noch heiß unter den Salat mischen. Den Salat am besten einige Stunden durchziehen lassen.

ANRICHTEN:

Den Salat als Beilage z. B. zu Grillfleisch servieren.

GEBACKENE KNÖDEL

Für 4 Personen
Zubereitungszeit: ca. 60 Minuten

FÜR DIE GEBACKENEN KNÖDEL

10–12 Semmeln vom Vortag
750 ml Vollmilch
Salz
frisch gemahlener schwarzer Pfeffer
1 Bund glatte Petersilie
1 Bund gemischte Kräuter (z. B. Schnittlauch, Kerbel, Majoran etc.)
8 Eier
neutrales Pflanzenöl für das Backblech

GEBACKENE KNÖDEL:

Die Semmeln in feine Scheiben schneiden und in eine große Schüssel füllen. Die Milch lauwarm erwärmen. Die Semmelscheiben mit Salz und Pfeffer würzen und mit der Milch übergießen. Das Ganze abgedeckt 20 Minuten ziehen lassen. Anschließend alle Kräuter waschen, trocken schütteln, fein hacken und zusammen mit den Eiern zu den Semmeln geben. Alles zu einem weichen Semmelteig verrühren und mit Salz und Pfeffer abschmecken. Das Backblech mit dem Öl einpinseln. Mit angefeuchteten Händen kleine Knödel aus dem Semmelteig formen und mit etwas Abstand zueinander auf das Backblech legen. Die Knödel im auf 180 °C vorgeheizten Backofen (Ober-/Unterhitze) etwa 20 Minuten backen.

ANRICHTEN:

Die Knödel sofort als Beilage z. B. zu einem Braten mit reichlich Sauce servieren.

GESPICKTER SCHWEINEBRATEN

Für 4 Personen
Zubereitungszeit: ca. 90 Minuten plus 24 Stunden Ruhezeit

FÜR DEN GESPICKTEN SCHWEINEBRATEN

200 g niederbayrisches Schwarzgeräuchertes
1 Knolle Knoblauch
1 kg Schweinenackenfleisch ohne Knochen
200 g niederbayrisches Schwarzgeräuchertes
5 EL Meersalz
1 EL grob zerstoßener schwarzer Pfeffer
1 EL gemahlener Kümmel
2 Karotten
¼ Knolle Sellerie
1 milde Zwiebel (Metzgerzwiebel)
150 ml naturtrübes Bier
1 Scheibe trockenes Bauernbrot
500 ml Gemüsebrühe
2 Stängel Liebstöckel
1 Zweig Rosmarin
1 Zweig Thymian
1 Schuss Whisky

ZUM ANRICHTEN

Beilagen wie z. B. gebackene Knödel, Semmelknödel oder Kartoffelknödel

GESPICKTER SCHWEINEBRATEN:

Das Schwarzgeräucherte erst in Scheiben und anschließend in etwa 0,5 cm dicke Streifen schneiden. Den Knoblauch zerteilen, die Zehen abziehen und vierteln. Das Fleisch waschen und trocken tupfen. Dann das Fleisch gleichmäßig mit den Speckstreifen und den Knoblauchvierteln spicken. Das Meersalz, den Pfeffer und den Kümmel vermischen und damit das Fleisch einreiben. Das Fleisch danach mit Frischhaltefolie umwickeln und 24 Stunden im Kühlschrank durchziehen lassen. Anschließend die Karotten und den Sellerie schälen, die Zwiebel abziehen und alles in grobe Würfel schneiden. Das Fleisch aus der Folie wickeln und zusammen mit dem Wurzelgemüse in eine Bratreine legen. Das Bier, etwas Wasser und das Brot zugeben. Das Fleisch im auf 175 °C vorgeheizten Backofen (Ober-/Unterhitze) 60 Minuten braten. Dabei nach der Hälfte der Garzeit den Braten einmal wenden. Am Ende der Garzeit prüfen, ob das Fleisch weich genug ist, und gegebenenfalls die Garzeit etwas verlängern. Das fertige Fleisch aus der Reine nehmen und abgedeckt warmstellen. Den restlichen Inhalt der Bratreine in ein Sieb gießen und in einen Topf passieren. Die Sauce wieder erhitzen und die heiße Gemüsebrühe dazu gießen. Den Liebstöckel, den Rosmarin und den Thymian in ein Gewürzsäckchen stecken und in die Sauce geben. Die Sauce reduzieren. Abschließend das Gewürzsäckchen entfernen und die Sauce mit Salz, Pfeffer und dem Whisky abschmecken. Vor dem Servieren den Braten aufschneiden.

ANRICHTEN:

Die Bratenscheiben auf den Tellern anrichten und die Sauce darübergeben. Die Beilagen daneben anrichten.

GAR NICHT SO EXOTISCH, WIE MAN DENKT – »TROPICAL STATION« UND »MATADOR LODGES«

Karibik-Feeling kommt an lauen Sommerabenden am Chiemsee durchaus auf, aber eher am Strand mit den Füßen im Sand. Die »Tropical Station« befindet sich hingegen im Bahnhof von Übersee und die »Matador Lodges« im bodenständigen Ortskern von Grabenstätt. Was die beiden miteinander verbindet, dazu komme ich später.

Im Sommer trifft man sich trotzdem gerne bei Sabine und Lisa auf der Terrasse vor dem Bahnhof Übersee. Dass es hier abwechslungsreiche vegetarische und vegane Küche gibt, hat sich herumgesprochen und auch, dass man hier noch einen Absacker trinken kann und meistens nette Bekannte trifft, zumindest an den zwei Tagen in der Woche, an denen die »Tropical Station« geöffnet hat. Dann duftet es oft exotisch aus dem ehemaligen Bahnhofslokal, wenn Sabine Comper ihre »kulinarischen Weltreisen« vorbereitet. Mal sind es mediterrane, mal orientalische Düfte, die aus der Küche kommen. An anderen Tagen lässt sich die Köchin von Fernost inspirieren, und manchmal bleibt die Quereinsteigerin sogar ganz bodenständig im Alpenraum. »So exotisch vieles klingt, so regional sind die Zutaten«, sagt sie und zählt auf, von wem sie ihr Gemüse und ihre Zutaten bezieht. Nach zehn Jahren Großstadthype in Berlin ist die gebürtige Münchnerin vor ein paar Jahren wieder in die Heimat der Großeltern zurückgekehrt.

Von der Modebranche an den Kochtopf, das muss man sich erst mal trauen. Dabei war es fast eine Notwendigkeit, ein Lokal aufzumachen, sagt die Vegetarierin, für die das gastronomische Angebot doch sehr beschränkt war, meist auf Käsespätzle oder Kaspressknödel, worauf sie so gar keine Lust hatte. Also stürzte sie sich selbst in das Abenteuer Gastronomie, zunächst in Traunstein und jetzt in Übersee. Ihre Geschäftspartnerin Lisa serviert die liebevoll angerichteten »Tapas-Teller« mit verschiedenen kleinen Gerichten, Toppings, Dips und Salaten, wofür die »Tropical Station« bekannt und beliebt ist. Die beiden haben aus der ehemaligen Bahnhofsgaststätte eine richtig coole Location gemacht, einen Treffpunkt abseits vom Touristenrummel, wo sich auch Einheimische gerne zum Essen, Ratschen oder auf einen hausgemachten Cocktail treffen. Lisa ist gelernte Stylistin, und als Team werden die beiden besonders gerne für Hochzeiten gebucht, denn dann stimmt sowohl das Menü als auch das Make-Up. Catering ist das zweite Standbein von Lisa und Sabine.

Und hier kommen die »Matador Lodges« ins Spiel. Nicht nur für Hochzeiten auf der überdachten Eventfläche sind die beiden dort gefragt, sondern auch für andere Gelegenheiten, sei es, dass ein Paar Lust auf ein Candlelight-Dinner in einem der Cottages hat oder eine Firma einen Light-Lunch für ein Event in der Villa wünscht.

In dieser Villa, heute Zentrum der »Matador Lodges«, wurde Mode-Geschichte geschrieben. In dem ehemaligen Mädchenpensionat war nämlich in den 1980-er Jahren der Firmensitz des legendären Sport- und Fashion-Labels »Windsurfing-Chiemsee«. Manche erinnern sich vielleicht noch an die XXL-Shirts mit dem Kreis und dem Turmspringer oder an die legendären gepunkteten Kängurus. Mitbegründer der Marke war Martin Imdahl, dessen Tochter Laura das Hotel managt. Das Konzept der Lodges ist genauso exklusiv und lässig wie die Mode damals, und der kreative Kopf ist immer noch Martin Imdahl. Kult war auch sein zweites Mode- und Surfboard-Label Matador, daher der Name des Hotels mit dem zumindest für den Chiemgau ausgefallenen Konzept. Hier wurde ein Rückzugsort geschaffen, eine Welt, für die der Ort keine Rolle spielt.

Die beiden kubenartigen Teichhäuser, ein Garten- und ein Baumhaus auf hohen Stelzen gruppieren sich um den Schwimmteich inmitten eines Parks. Nach einem Besuch im »Spa Cube« mit Sauna und Floatingtank kann man zur Abkühlung hineinspringen. In den vier geräumigen, hochwertig mit einem Mix aus Ethnostyle, modernen Elementen und Antiquitäten eingerichteten Apartments bleiben keine Wünsche offen. Wer sich hier ein orientalisches Menü von den Ladys aus der »Tropical Station« servieren lässt, kann sich glatt im Schlaraffenland wähnen. Allerdings verlocken die voll ausgestatteten Küchen mit hochwertigen Geräten auch dazu, selbst zu kochen und den frischen Fisch aus dem Chiemsee auf einem Bora-Kochfeld mit integriertem Abluftsystem zu brutzeln. Dieses innovative Küchendesign stammt übrigens ebenfalls aus dem Chiemgau, und man kann es sicher nirgendwo stilvoller ausprobieren als hier.

GEGRILLTE KAROTTEN MIT LABNEH

Für 4 Personen
Zubereitungszeit: ca. 45 Minuten plus 1–2 Tage Ruhezeit

FÜR DEN LABNEH
900 g Naturjoghurt (Fettgehalt 3,8 %)
3/4 TL Salz

FÜR DAS HAUSGEMACHTE DUKKAH
1 EL Pinienkerne
1 EL Haselnusskerne
1 EL Cashewkerne
2 EL weiße Sesamsaat
1 TL schwarze Sesamsaat
2 TL Kreuzkümmel
1 EL schwarze Pfefferkörner
1 EL Koriandersaat
2 TL edelsüßes Paprikapulver
2 TL Fleur de Sel
½ TL getrockneter Oregano

FÜR DAS ESTRAGONÖL
40 g Estragon
8 EL Olivenöl
Salz

FÜR DIE GEGRILLTEN KAROTTEN
2 Bund Karotten, mit Grün
frisch gemahlener schwarzer Pfeffer
2 EL Olivenöl
1/2 TL Salz
3 EL flüssiger Honig
1 ½ EL Apfelessig

LABNEH:
Den Joghurt und das Salz in eine mittelgroße Schüssel geben und gut vermischen. Ein Sieb mit einem passenden Stück Musselin oder Küchengaze auskleiden und den Joghurt einfüllen.
Mit Gaze oder Musselin abdecken, beschweren und im Kühlschrank 12–48 Stunden abtropfen lassen. Den cremigen Labneh in ein luftdicht verschließbares Glas abfüllen und mit etwas Olivenöl bedecken. Gut verschlossen kann er bis zu 5 Tage im Kühlschrank aufbewahrt werden. Es werden 400 g benötigt.

HAUSGEMACHTES DUKKAH:
Die Pinien-, Haselnuss- und Cashewkerne in einem Standmixer grob zerkleinern und zusammen mit den Sesamsaaten in einer beschichteten Pfanne ohne Fettzugabe rösten, bis sie etwas Farbe annehmen. Den Kreuzkümmel, die Pfefferkörner und die Koriandersaat ebenfalls in einer beschichteten Pfanne ohne Fettzugabe rösten, bis die Gewürze duften. Alles abkühlen lassen und im Mörser fein zerstoßen. Die Nuss-Gewürzmischung mit den restlichen Zutaten mischen und zur Aufbewahrung in ein gut verschließbares Gefäß abfüllen. Die Gewürzmischung passt auch sehr gut zu Feta und Ziegenkäse und gibt allen Gemüsegerichten einen Extrakick. Es werden 3 EL benötigt.

ESTRAGONÖL:
Den Estragon waschen, gut trocken schütteln und grob hacken. Zusammen mit 8 EL Olivenöl und etwas Salz in einem Standmixer zu einer glatten Emulsion mixen.

GEGRILLTE KAROTTEN:
Die Karotten schälen und putzen, dabei etwa 2,5 cm des Grüns stehen lassen. Die Karotten ca. 10 Minuten in einem Dampfgarer garen. Die Karotten dann auf einen großen Teller geben und mit dem Olivenöl, dem Salz und einer guten Prise Pfeffer vermischen. Eine Grillpfanne stark erhitzen und die Karotten unter gelegentlichem Wenden grillen. In einer kleinen Schale den Honig und den Apfelessig mit einer Prise Salz und Pfeffer verrühren. Die Karotten mit dem Honigdressing überziehen und kurz karamellisieren.

ANRICHTEN:
Den Labneh auf einer großen Platte verteilen und in die Mitte eine Mulde drücken. Die Karotten darin anrichten und das Dukkah darüberstreuen. Mit dem Estragonöl servieren.

ERBSENSPREAD

Für 4 Personen
Zubereitungszeit: ca. 20 Minuten

FÜR DEN ERBSENSPREAD
1/2 TL Kreuzkümmelsamen
10 g Estragonblätter
15 g Minzblätter
1 Zehe Knoblauch
1 unbehandelte Zitrone
600 g Erbsen (TK, aufgetaut)
4 EL Olivenöl
Salz
frisch gemahlener schwarzer Pfeffer

ZUM ANRICHTEN
eingelegter Feta
Fladenbrot

ERBSENSPREAD:
Die Kreuzkümmelsamen in einer beschichteten Pfanne ohne Fettzugabe leicht rösten und in einem Mörser grob zerstoßen. Den Estragon und die Minze waschen, gut trocken tupfen und grob hacken. Den Knoblauch abziehen und grob zerkleinern. Die Zitrone heiß abwaschen und abtrocknen. Die Schale fein abreiben und den Saft auspressen. Die Erbsen mit dem Kreuzkümmel, den Kräutern, dem Knoblauch, 1,5 TL Zitronenabrieb, 2 EL Zitronensaft und dem Olivenöl in einen Standmixer füllen und zu einer groben Paste mixen. Mit Salz, Pfeffer und Zitronensaft abschmecken.

ANRICHTEN:
Den Erbsenspread mit dem Feta und dem Fladenbrot anrichten.

MUHAMMARA

Für 4 Personen
Zubereitungszeit: ca. 20 Minuten

FÜR DIE MUHAMMARA
4 EL Olivenöl
1 1/2 EL Tomatenmark
2 TL Kreuzkümmelsamen
2 TL Koriandersamen
100 g Walnusskerne
5 rote Paprikaschoten
1 weiße Zwiebel
2 Pflaumen- oder Roma-Tomaten
1 rote Chilischote
Salz
frisch gemahlener schwarzer Pfeffer
8 Zehen Knoblauch
1 EL Granatapfelmelasse
100 g Granatapfelkerne

ZUM ANRICHTEN
1 EL Granatapfelmelasse
4 EL Olivenöl
1 EL Granatapfelkerne
1 EL grob gehackte glatte Petersilie

MUHAMMARA:
1 EL Olivenöl in einer Pfanne erhitzen und das Tomatenmark 5–7 Minuten unter Rühren anbraten, bis es tiefrot und karamellisiert ist. Dann zum Abkühlen beiseitestellen. Die Kreuzkümmel- und Koriandersamen in einer beschichteten Pfanne ohne Fettzugabe rösten, bis sie duften. Dann in einem Mörser zu grobem Pulver zerstoßen und beiseitestellen. Die Walnusskerne in einer beschichteten Pfanne ohne Fettzugabe rösten, grob hacken und beiseitestellen. Die Paprikaschoten putzen, entkernen und vierteln. Die Zwiebel abziehen und grob hacken. Die Tomaten waschen und halbieren. Die Chilischote putzen und nach Wunsch die Kerne entfernen. Alles nebeneinander auf ein Backblech legen, mit dem restlichen Olivenöl (3 EL), 1/2 TL Salz und reichlich schwarzem Pfeffer vermischen und im auf 200 °C vorgeheizten Backofen (Ober-/Unterhitze) 20 Minuten rösten. Den Knoblauch abziehen. Die Paprikaschoten und die Zwiebeln dann in einer Schüssel mit dem Knoblauch mischen und wieder auf das Blech legen. Das ganze Gemüse weitere 20 Minuten rösten, bis das Gemüse gar und sogar leicht verkohlt ist. Dann die Haut der Paprikaschoten abziehen. Das gesamte geröstete Gemüse, das Tomatenmark, die Gewürzmischung, 1 EL Granatapfelmelasse, 1/2 TL Salz und eine gute Prise Pfeffer in einen Standmixer umfüllen und zu einer groben Paste mixen. Die Paste in eine Schale füllen und die Walnusskerne und die Granatapfelkerne unterheben.

ANRICHTEN:
Die Muhammara auf einen Servierteller geben und eine kleine Mulde in der Mitte bilden. In diese die Granatapfelmelasse und das Olivenöl träufeln. Mit den Granatapfelkernen und der Petersilie garnieren.

»LANDHAUS TANNER« – »WAS GUAT'S PASST IMMER Z'AMM!«

Das Landhaus Tanner ist ein Haus, das diesen Namen verdient. Obwohl die Hauptstraße nah ist, liegt das Anwesen idyllisch in einem Landschaftsschutzgebiet, umgeben von Grün, mit viel Platz auch für Kinder. Am Haus vorbei plätschert ein Bach, der Waginger und der Tachinger See laden zum Baden ein, die Chiemgauer Alpen zum Wandern und Biken, Radtouren bieten sich für die ganze Familie an, und die Festspielstadt Salzburg ist ebenfalls nicht weit. Es ist also von Natur über Kultur bis Kulinarik alles geboten, was einen gelungenen Urlaub verspricht.

»Was Guat's passt immer z'amm!«, so lautet der Wahlspruch von Franz Tanner, und seine Gäste bestätigen: »Alles ist gut, was aus seiner Küche kommt«, sei es der »Wurstsalat von Gassner's Dicken« mit Peperoni und roten Zwiebeln, das »Weiherhaus Saiblingsfilet« oder der roh marinierte Thunfisch mit fermentiertem Spitzkraut. In der Tanner-Landhausküche versteht man von deftig bis edel zu kochen. Da gibt es Taglierini mit feinem Bio-Rindsragout und Sommertrüffel, genauso wie Natur-Genuss-Burger vom heimischen Biorind. Besonders beliebt sind auch die Natur-Genuss-Menüs mit drei bis fünf Gängen, die der Küchenchef zaubert. Dabei legt er besonderen Wert darauf, möglichst viel aus der Region zu beziehen. Doch alleine daraus zu schöpfen, das wäre Franz Tanner dann doch nicht genug. Seine Einkäufe tätigt er wie viele Gastronomen der Gegend, die Wert auf Qualität legen, in Österreich, »wo handwerkliche Lebensmittelproduzenten eine längere Tradition haben«, sagt der Küchenchef. Wenn möglich, sollte es Bio sein, aber am wichtigsten ist ihm die Qualität der Produkte. So, wie das Restaurant aus zwei Teilen besteht: einer zwar modernen, aber bodenständigen Bauernstube mit Holzverkleidung und einem eleganten, weiß eingedeckten Teil, so ist auch die Küche der bodenständig regionalen genauso wie der feinen internationalen Küche verbunden. Es darf auch mal eine bretonische Auster sein anstatt der Chiemseerenke. Schließlich lernte Franz Tanner schon als Kind und Jugendlicher die Spitzengastronomie kennen, denn die Familie war mit Alfons Schuhbeck befreundet, der damals seine Karriere als Sternekoch im Kurhausstüberl in Waging am See begann. Ihm schaute Franz in jungen Jahren über die Schulter und in die Töpfe. Der Sohn aus einer alteingesessenen Wirtsfamilie kehrte nach Lehr- und Wanderjahren nicht alleine ins schöne Waging zurück, sondern brachte Ehefrau Stefanie mit, eine gelernten Hotelfachfrau. Gemeinsam sind die beiden das perfekte Gastgeberpaar, er in der Küche und sie an der Hotelrezeption.

Ursprünglich stand auf dem Grundstück eine einfache Ausflugsgaststätte, über die bis heute viele Geschichten kursieren. Aber schon die Eltern von Franz Tanner errichteten an der Stelle Mitte der 1990er-Jahre ein Aparthotel. Als Franz und Stefanie das Haus übernahmen, prägten sie es nach ihren Vorstellungen und machten daraus ein dezent alpin angehauchtes Wohlfühlhotel mit modernen, komfortablen Zimmern, Wellnessoase und einem großen Bereich für Kinder, die sich hier sowohl drinnen als auch draußen austoben dürfen. Ein neuer Bauabschnitt, der gerade erst während der Coronakrise fertiggestellt wurde, vereint die Gebäudeteile zu einem schönen Atrium und beherbergt neben geräumigen Zimmern einen Lobby-Lounge-Bereich mit offenem Kamin und, ganz im Trend, eine große Radlgarage, in der E-Biker sogar ihre Räder aufladen können. Diese Möglichkeit besteht übrigens auch für E-Autos. Grüner Strom kommt zum Teil vom Hausdach, und auch die moderne Pellet-Heizungsanlage entspricht ganz dem umweltbewussten Stil des Hauses. Die nachhaltige Slow-Food-Küche von Franz Tanner hat der Guide Michelin mit dem Bib Gourmand ausgezeichnet.

Ach ja, und ein bisschen Dolce Vita darf auch am Waginger See nicht fehlen. Zum einen sorgt der Küchenchef immer wieder für mediterranes Flair auf dem Teller, und zum anderen verleiht er seine silbergraue Vespa für einen Ausflug und richtet auch gerne einen Picknick-Korb dafür her.

ÖKO-MODELLREGION WAGINGER SEE – RUPERTIWINKEL

Zehn Gemeinden im Südosten Bayerns, darunter Fridolfing, Taching am See, Waging am See und Wonneberg, gehören zur Öko-Modellregion Waginger See – Rupertiwinkel. Sie engagieren sich für naturnahe Landwirtschaft, nachhaltige Energieversorgung und den schonenden Umgang mit Ressourcen. Wildfruchthecken, Blühwiesen, seltene heimische Baumarten, extensive Landwirtschaft, das alles wird in einer Öko-Modellregion gefördert und dafür Fördertöpfe angezapft. Gemeindeflächen werden vorranging an Öko-Landwirte verpachtet, in Kindergärten gibt es Biomenüs, und der Informationsaustausch zwischen Biopionieren und konventionellen Landwirten wird angekurbelt. Biokost in Kantinen und Kliniken steht genauso auf dem Programm wie die Schaffung von Biotopen, die Renaturierung von Mooren und der Ausbau von nachhaltigen Tourismusangeboten. Immerhin gibt es in der Modellregion Waginger-See – Rupertiwinkel bereits an die hundert Betriebe, die vom Urgetreide über die Biomilch bis zu Biofleisch und -gemüse eine breite Produktpalette anzubieten haben.

TOMATENVIELFALT MIT VITALDRESSING, ZIEGENFRISCHKÄSE UND AMARANTH-KNUSPER

Die vielen Farben der Tomaten, die Franz Tanner für diese Vorspeise verwendet, zaubern den Sommer auf den Teller. Wer sich nicht an das etwas aufwendige »Vitaldressing« mit den verschiedenen Misopasten wagen will, kann auch einfach ein Dressing aus Balsamicoessig und Olivenöl machen.

Für 4 Personen
Zubereitungszeit: ca. 30 Minuten

FÜR DEN AMARANTH-KNUSPER

200 g gepoppter Amaranth
1 Msp. Salz
1 Msp. Baharat (arabische Gewürzmischung)

FÜR DAS VITALDRESSING

10 g Ingwer
1 kleine Zehe Knoblauch
200 ml Olivenöl
50 ml Japanische Sojasauce
50 ml Mirin (Reiswein)
30 ml Reisessig
10 g Hatcho-Miso
20 g Shiro-Miso
20 g Genmai-Miso
10 g mittelscharfer Senf
20 ml Apfeldicksaft
5 g Vollrohrzucker
1 Msp. Kurkuma
1 Msp. frisch gemahlener schwarzer Pfeffer

FÜR DIE TOMATENVIELFALT

1 kg gemischte unbehandelte Tomaten (z. B. Ochsenherz, Kirschtomaten, grüne oder rote Tomaten)
grobes Meersalz
200 g Bio-Ziegenfrischkäse
100 g gemischte Wildkräuter (z. B. Bronzefenchel, Rote Bete-Blätter, Pimpernelle, Löwenzahn, Sauerampfer, Wiesenkerbel)

AMARANTH-KNUSPER:

Den Amaranth mit 200 ml Wasser vermischen und mit Salz sowie Baharat abschmecken. Die gequollene Masse mit einem Teigroller auf einem Backpapier dünn ausrollen. Das Backpapier auf ein Backblech legen und im auf 180 °C vorgeheizten Backofen (Ober-/Unterhitze) für ca. 12 Minuten knusprig backen. Den Amaranth-Knusper in kleine Stücke brechen.

VITALDRESSING:

Den Ingwer schälen, die Knoblauchzehe abziehen und beides fein hacken. Beides zusammen mit den restlichen Zutaten und 100 ml Wasser in einen Messbecher abfüllen und mit dem Stabmixer emulgieren.

DIE TOMATENVIELFALT ANRICHTEN:

Die Tomaten schneiden, auf vier Teller arrangieren und mit dem groben Meersalz würzen. Mit zwei Kaffeelöffeln den Ziegenfrischkäse zu kleinen Nockerln formen und um die Tomaten verteilen. Den Amaranth-Knusper in die Nocken stecken. Die Wildkräutern darüber verteilen. Das Ganze mit dem Vitaldressing marinieren.

TIPP:

Reste des Vitaldressings können im Kühlschrank bis zu zwei Wochen aufbewahrt und als Marinade für Salate oder Fisch verwendet werden.

ZWEIERLEI VOM CHIEMGAUER LAMM MIT CURRY, KÜRBIS UND POLENTASTRUDEL

Für 4 Personen
Zubereitungszeit: ca. 14 Stunden

FÜR DAS LAMM

600 g parierte Lammschulter
Salz
frisch gemahlener schwarzer Pfeffer
2 EL neutrales Pflanzenöl
1 Zehe Knoblauch
¾ Salzzitrone
50 ml Zitronenöl
100 ml dunkler Kalbsfond
1 Zweig Rosmarin
30 g Butter
30 g Semmelbrösel
1 Msp. Currypulver
1 Zweig Currykraut
500 g parierte Lammkeule

FÜR DEN POLENTASTRUDEL

250 ml Vollmilch
90 g Butter
80 g Polentagrieß
2 Eigelb
125 g Sauerrahm
Salz
frisch gemahlener schwarzer Pfeffer
frisch gemahlene Muskatnuss
Trüffelöl
1 Strudelteigblatt
1 EL flüssiges Butterschmalz

FÜR DAS KÜRBISPÜREE

1 Hokkaidokürbis
½ rote Zwiebel
1 EL Rapsöl
½ EL Tomatenmark
½ EL flüssiger Honig
300 ml Gemüsefond
Salz
frisch gemahlener schwarzer Pfeffer

ZUM ANRICHTEN

Currykraut
¼ Salzzitrone

LAMM:

Die Lammschulter mit Salz und Pfeffer würzen. 1 EL Öl in einer Pfanne bei mittlerer Temperatur erhitzen und das Fleisch anbraten. Den Knoblauch abziehen und in feine Blätter schneiden. Anschließend die Lammschulter mit einer halben Salzzitrone, dem Zitronenöl, dem Kalbsfond sowie dem Rosmarin und Knoblauch vakuumieren. Den Beutel in einem auf 72 °C temperierten Wasserbad 14 Stunden garen. Den Beutel öffnen und die Flüssigkeit durch ein Sieb in einen Topf passieren. Das Fleisch portionieren und darin warmhalten.
Für die Lammkeule mit Currykruste die zimmerwarme Butter, die Semmelbrösel, das Currypulver und das klein geschnittene Currykraut sowie die gehackte Schale einer ¼ Salzzitrone mischen. Die Lammkeule mit Salz und Pfeffer würzen. Das restliche Öl (1 EL) in einer Pfanne bei mittlerer Temperatur erhitzen und das Fleisch anbraten. Anschließend mit der Currybutter bestreichen und im auf 130 °C vorgeheizten Backofen bis zu einer Kerntemperatur von 66 °C medium garen. (Zur Kontrolle ein Fleischthermometer verwenden.) Die Keule aus dem Ofen nehmen und an einem warmen Ort 5–10 Minuten ruhen lassen. Lammschulter und -keule vor dem Servieren in Tranchen schneiden.

POLENTASTRUDEL:

Die Milch und 40 g Butter aufkochen, den Polentagrieß einrühren und quellen lassen. 40 g Butter schaumig schlagen und die Eigelbe unterrühren. Das Buttergemisch mit dem Sauerrahm unter die Polentamasse rühren und mit Salz, Pfeffer, Muskat sowie etwas Trüffelöl abschmecken. Strudelteigblatt mit dem Butterschmalz bestreichen und die Polentamasse darauf verteilen. Das Teigblatt zu einem Strudel einrollen und erst mit Frischhaltefolie und danach mit Aluminiumfolie umwickeln, dabei die Enden fest verschließen. Die Rolle etwa 1 Std. bei 90 °C im Wasserbad ziehen lassen. Dann die Rolle herausnehmen, gut auskühlen lassen, auswickeln, in Scheiben schneiden und in der restlichen Butter knusprig anbraten.

KÜRBISPÜREE:

Den Kürbis vierteln, die Kerne entfernen und in kleine Würfel schneiden. Die Zwiebel abziehen und fein schneiden. Das Öl in einem Topf erhitzen und die Zwiebel anschwitzen. Die Kürbiswürfel, das Tomatenmark sowie den Honig dazu geben und ebenfalls anbraten. Mit der Gemüsebrühe aufgießen. Den Kürbis bei mittlerer Temperatur ca. eine halbe Stunde garen und im Anschluss alles in einen Standmixer umfüllen und zu einem feinen Püree mixen. Mit Salz und Pfeffer abschmecken.

ANRICHTEN:

Das Kürbispüree auf vorgewärmten Tellern ausstreichen und je eine Tranche der Schulter und der Keule darauf arrangieren. Die gebratenen Polentastrudelscheiben daneben platzieren. Mit dem Currykraut und in Streifen geschnittener Salzzitrone garnieren.

TIPP:

Das sous-vide gegarte Fleisch kann auch einige Tage vorher zubereitet und vor der Weiterverwendung wieder erhitzt werden. Für das Vakuumieren von Flüssigkeiten benötigt man ein Kammer-Vakuumiergerät. Eventuell sollte dazu der Metzger des Vertrauens um Rat gefragt werden.

IM BOOT

Tradition wird bei den Fischern am Chiemsee großgeschrieben. Sechzehn Berufsfischer, die in einer Genossenschaft organisiert sind, leben noch von dem, was der See hergibt. Sie befischen den See und kümmern sich gleichzeitig um den Erhalt des Fischreichtums. Die Renke ist der »Brotfisch« der Chiemseefischer. Damit die Bestände erhalten bleiben, werden in der Brutanstalt der Fischereigenossenschaft reichlich Nachkommen ausgebrütet und im Frühjahr in den See gesetzt. Wie sich die kleinen Setzlinge dort entwickeln und wie viele davon dann wieder ins Netz gehen, bleibt der Natur überlassen.

Auch von anderen Fischarten werden immer wieder Jungfische ausgesetzt. Im klaren Seewasser tummeln sich neben den Renken auch Brachsen, Hechte, Aale, Seeforellen und Seesaiblinge sowie Zander und Welse. Insbesondere Brachsen erfreuen sich zunehmender Beliebtheit, seitdem man den grätenreichen Fisch mit seinen Y-Gräten durch einen speziellen Schnitt grätenfrei filetieren und so zur leicht verzehrbaren Delikatesse machen kann. Allerdings bereitet der Klimawandel auch den Chiemseefischern Sorge. In dem sich erwärmenden Wasser fühlen sich die Renken nicht mehr wohl, und die Fangquote wird zunehmend geringer.

BEI IRMI WALLNER IN CHIEMING – DER »THOMAFISCHER«

An dem stattlichen Haus direkt an der Uferpromenade am Hafen von Chieming kommt man zwangsläufig vorbei, wenn man am See entlangflaniert. Am liebsten würde man sich gleich auf einer der gemütlichen Bänke vor dem Haus niederlassen und einfach nur den Blick aufs Wasser genießen. Aber Pech, die eine ist für den Bootsverleiher reserviert, und die andere ist das »Familienbankerl« der Familie Wallner. An Tagen, an denen der Fischverkauf geöffnet hat, wenn Irmi Wallner Fischsemmeln, Renkenmatjes, frischen und geräucherten Fisch verkauft, ist der Andrang nicht nur auf das Bankerl groß. Der frische Fisch vom »Thomafischer« geht weg wie warme Semmeln. Der Hausname, der bereits 1620 schriftliche Erwähnung fand, besteht bis heute, obwohl die Eigentümer inzwischen Wallner heißen. Der Urgroßvater von Irmi, deren Familie aus dem nahen Seebruck stammt, kaufte das Anwesen mitsamt dem Hausnamen »Thomafischer«. Sie selbst ist Berufsfischerin, nachweislich in der zwölften Generation und eine der wenigen Frauen, die diese Ausbildung absolviert haben. Morgens um fünf bei Wind und Wetter auf den See hinauszufahren, die Netze einzuholen, die Reusen zu kontrollieren und den Fang ans Ufer zu bringen, das ist mitunter Schwerstarbeit. »Aber die Frage, etwas anderes zu werden, hat sich für mich gar nicht gestellt«, sagt die Fischermeisterin. Inzwischen kümmert sie sich aber doch mehr um den »Innendienst« – Fische schlachten, putzen, ausnehmen und zubereiten – und überlässt Vater und Sohn die Arbeit im Boot. Wenn Ehemann Heinz Renkenfilets frittiert für die »Renken à la Brathering«, duftet es bis auf den See hinaus. Die panierten Fischfilets legt er anschließend in einen Sud aus Essig, Zucker und Gewürzen ein und lässt sie mindestens einen Tag ziehen, bevor sie donnerstags und freitags im Hofladen oder im Fischladl in Traunstein (www.fischladl-traunstein.de) verkauft werden. Dort bietet er auch Aufstriche, Tatar und andere frische und geräucherte Fischspezialitäten an. Geräuchert wird beim »Thomafischer« noch im alten, rußgeschwärzten Holzofen über echtem Erlenholz, weil das den besten Geschmack gibt. »Am liebsten werden heute Fischfilets gekauft«, bedauert Irmi Wallner, wo doch »ein Fisch im Ganzen geräuchert oder zubereitet viel mehr Geschmack hat und außerdem weniger Abfall macht.« Besonders leid tut es ihr, wenn sie schöne, große Exemplare von Hechten oder Saiblingen filetiert, die im Ganzen zubereitet, mit einem Kräuterstrauß im Bauch, im Ofen oder auch mal in der Salzkruste gegart doch so viel mehr Aroma entfalten würden.

CHIEMING

Wer weiß, vielleicht hat der Chiemsee, ja sogar der Chiemgau seinen Namen von diesem Ort am Ostufer des Sees. Der Legende nach soll es hier einen Gaugrafen »Chiemo« gegeben haben; dessen Existenz ist allerdings nicht belegt.

MATJESSALAT »MARIA PROBST«

Für 4 Personen
Zubereitungszeit: ca. 15 Minuten

FÜR DEN MATJESSALAT »MARIA PROBST«
½ unbehandelte Zitrone
200 g Naturjoghurt
100 g Schmand
50 g Crème fraîche
1 geh. EL gehackter Dill
1 geh. TL Zitronenpfeffer
300 – 350 g Chiemsee-Renke »Matjes-Art«

ZUM ANRICHTEN
Apfelscheiben
Gurkenscheiben
rote Zwiebelringe
gehackte Kräuter
kräftiges Brot

MATJESSALAT »MARIA PROBST«:
Die Zitrone heiß abwaschen und gut abtrocknen. Anschließend die Schale fein abreiben und den Saft auspressen. Den Joghurt, den Schmand, die Crème fraîche, den Dill, den Zitronenabrieb und -saft sowie den Zitronenpfeffer gut verrühren. Die Marinade über die Renkenfilets geben und vermischen. Den Matjessalat etwas durchziehen lassen.

ANRICHTEN:
Die Renkenfilets auf die Teller verteilen und reichlich Sauce darübergeben. Mit den Apfel- und Gurkenscheiben, den Zwiebelringen und den Kräutern garnieren. Das Brot dazu reichen.

RÄUCHERFISCH-AUFSTRICH

Für 4 Personen
Zubereitungszeit: ca. 15 Minuten

FÜR DEN RÄUCHERFISCH-AUFSTRICH
1 Zitrone
2 Räucherfischfilets (à ca. 100 g, Forelle, Renke oder Saibling)
250 g Doppelrahmfrischkäse mit Schnittlauch (nach Belieben)
1 EL Sahne-Meerrettich (optional)
Salz
frisch gemahlener schwarzer Pfeffer

ZUM ANRICHTEN
Schnittlauchröllchen
kräftiges Bauernbrot

RÄUCHERFISCHAUFSTRICH:
Die Zitrone auspressen. Die Fischfilets mit dem Zitronensaft, dem Frischkäse und nach Wunsch dem Meerrettich in einen Standmixer füllen und pürieren. Die Creme anschließend vorsichtig mit Salz und Pfeffer abschmecken.

ANRICHTEN:
Auf die Teller verteilen und mit den Schnittlauchröllchen garnieren. Das Brot dazu reichen.

FISCHEREI MINHOLZ

Im Chiemgau hat vieles Tradition, aber einen besonderen Status nimmt die Berufsfischerei auf dem Chiemsee ein. Die Fischrechte werden in den Familien von Generation zu Generation vererbt, und das über Jahrhunderte hinweg. Auch Dominik Minholz ist stolz auf die fünfhundertjährige Familientradition als Chiemseefischer. Er und sein Vater führen sie in Bernau weiter. Doch nur vom Fischfang leben die Fischer schon lange nicht mehr, mit dem zunehmenden Tourismus haben sie sich mehrere Standbeine geschaffen. Sie verleihen Boote, vermieten Ferienwohnungen, und vor allem sind sie längst dazu übergegangen, ihren täglichen Fang selbst zu vermarkten. Aus einem Kiosk mit Fischverkauf haben Dominik Minholz und sein Vater inzwischen ein Fischrestaurant mit Seeblick und einem großen Biergarten gemacht. Radler, Spaziergänger und Badegäste lassen sich hier die Fischspezialitäten schmecken. Im Sommer herrscht großer Andrang, und an manchen Tagen ist es schwer, einen Platz zu bekommen. Thomas Minholz ist nicht nur Fischereimeister, sondern auch gelernter Koch und hat die Liebe zur Küche an seinen Sohn weitergegeben, der sich mittlerweile mehr um das Restaurant kümmert und es dem Senior überlässt, morgens um halb sechs auf den See hinauszufahren, um den Fang einzuholen. Der Schwerpunkt in der Minholz-Küche liegt natürlich auf Renke, Zander, Hecht und den anderen Chiemseefischen. Sie werden in Butter gebraten, paniert mit Kartoffel-Gurken-Salat serviert, auf Müllerin Art oder als Matjestatar zubereitet. Je nach Jahreszeit kommen auch Barsch, Brachse oder Aal auf den Tisch. In der Fischtheke im Eingangsbereich des Restaurants gibt es auch Fangfrisches »to go«. Doch der Fisch aus dem See reicht in der Hochsaison schon längst nicht mehr aus, den Hunger der Gäste zu stillen. Deshalb kauft Dominik Minholz, wie viele andere Betriebe auch, Forellen und Saiblinge aus umliegenden Zuchten zu. In seiner Räucherkammer hängen nicht nur Renken, er räuchert beispielsweise auch Lachs oder erweitert seine Karte mit Dorade, Loup de mer und anderen Meeresfischen, sodass sich das Restaurant inzwischen als gute Adresse für Fisch generell herumgesprochen hat. Besonders im Winter, wenn mehr Ruhe eingekehrt ist, wird die Karte durchaus exklusiver mit Jakobsmuscheln, Austern und anderen Fischspezialitäten, worüber sich die Einheimischen freuen, die dann auch endlich einmal Zeit haben, einen Abend im Restaurant zu genießen.

DIE RENKE

Am Bodensee auch als Felche und in Norddeutschland als Maräne bekannt, liebt dieser Fisch kühle, nährstoffarme Gewässer. Renken kommen in Europa, Asien und Nordamerika vor, manche Arten fühlen sich sogar im Salzwasser wohl. Sie besitzen zwischen Rücken- und Schwanzflosse eine kleine Fettflosse, was auf ihre Verwandtschaft mit den Salmoniden wie Forelle und Lachs hindeutet. Die Schwanzflosse ist tief eingeschnitten, und der Rücken glänzt bläulich-grün bis dunkelgrün, die Seiten und der Bauch sind silbrig weiß. Renken haben einen feinen, zarten Geschmack, sind kalorienarm und besitzen besonders viel Vitamin E und auch Biotin, sind also ein lokales Superfood.

HAUSGEMACHTE CHIEMSEE-BOUILLABAISSE

Für 4 Personen
Zubereitungszeit: ca. 5 Stunden plus 12 Stunden Ruhezeit

FÜR DEN FISCHFOND

1 Zwiebel
1 halbe Fenchelknolle
2 Karotten
½ unbehandelte Orange
2 EL Olivenöl
1 EL Tomatenmark
1 EL edelsüßes Paprikapulver
10 frische Cocktailtomaten
¼ Stange geputzter Staudensellerie
1 halbe Stange geputzter Lauch
3 l trockener Weißwein
Fischkarkassen (z. B. von 3 Renken, 3 Saiblingen, etwas Lachs, Krustentierschalen)
5 Lorbeerblätter
½ EL Senfkörner
½ EL schwarze Pfefferkörner
2 EL Salz

FÜR DIE CHIEMSEE-BOUILLABAISSE

24 Venusmuscheln
2 EL Olivenöl
800 ml Fischfond
Salz
frisch gemahlener schwarzer Pfeffer
2 Renkenfilets
2 Saiblingfilets
400 g frisches Lachsfilet
1 Jakobsmuschel
1 Garnele

ANRICHTEN

gehackte Kräuter
Baguette

FISCHFOND:

Die Zwiebel abziehen und würfeln. Den Fenchel putzen und in Juliennestreifen schneiden. Die Karotten schälen und in Scheiben schneiden. Die Orange heiß abwaschen, gut abtrocknen und die Schale fein abreiben. Das Öl in einem sehr großen Topf (10 l Fassungsvermögen) erhitzen und das Gemüse anbraten. Dann den Orangenabrieb, das Tomatenmark, das Paprikapulver und die Tomaten zugeben. Den Staudensellerie und den Lauch in Streifen schneiden und ebenfalls andünsten. Mit dem Weißwein ablöschen und die Flüssigkeit um etwa 1/3 einkochen lassen. Anschließend die Fischkarkassen zugeben und den Topf mit Wasser auffüllen und die Gewürze untermischen. Den Fond einmal aufkochen und dann 3–4 Stunden leicht köcheln lassen. Dann über Nacht durchziehen lassen. Anschließend den Fond aufkochen und oben schwimmendes Fett abschöpfen. Den Fond dann durch ein feines Sieb passieren. Der Fischfond kann gut portioniert und tiefgekühlt aufbewahrt werden.

CHIEMSEE-BOUILLABAISSE:

Die Muscheln sorgfältig waschen und geöffnete Muscheln, die sich auch nach leichtem Klopfen nicht schließen, aussortieren. Das Olivenöl erhitzen und die Venusmuscheln ca. 3 Minuten darin schwenken, bis sie sich öffnen. Nicht geöffnete Muscheln dann aussortieren. Die Muscheln mit dem Fischfond aufgießen und mit Salz und Pfeffer abschmecken. Die Fischfilets auf Gräten kontrollieren. Die Fischfilets etwas zerteilen, das Lachsfilet in grobe Würfel schneiden. Die Filets zusammen mit der Jakobsmuschel und der Garnele in die Suppe geben und 10 Minuten garziehen lassen.

ANRICHTEN:

Die Einlagen auf die Teller verteilen und mit der Suppe aufgießen. Mit den Kräutern garnieren und das Baguette dazu servieren.

VOM BODENSEE AN DEN CHIEMSEE – DIE FISCHEREI STEPHAN

Wer ein Fischrecht am Chiemsee besitzt, behält es auch, und ein neues zu bekommen, ist nicht einfach. Darüber wachen die 16 Berufsfischer der Fischereigenossenschaft. Der Großvater von Verena Stephan hatte Glück, als Zweitgeborener des »Greamandl-Hofes« in Prien hätte er sich einen anderen Beruf suchen müssen, wenn nicht ein Fischereirecht frei geworden wäre, welches er erwerben konnte. Die Vorfahren der Stephans, »Greana Mandl« genannt, waren vom Bodensee an den Chiemsee gekommen, wo sie sich als Fischer niedergelassen hatten. Das alles ist lange her, und Nachfahrin Verena Stephan, gelernte Betriebs- und Fischwirtin, führt den Betrieb inzwischen in der neunten Generation, gemeinsam mit ihrem Lebensgefährten. Vater Engelbert fährt noch auf den See hinaus und bringt heim, was in dem frisch restaurierten Bistro mit Ladentheke angeboten wird. Schon früher war in dem alten Gemäuer, das schon als Stadl und Getreidelager für die Herren von Wildenwart gedient hat, eine kleine Fischwirtschaft. »Dort«, sagt Verena Stephan, »gibt's schon seit Großmutters Zeiten jeden Freitag Backfisch mit Kartoffelsalat.« Den Backfisch gibt es auch heute noch jeden Freitag in verlässlicher Qualität mit Kartoffelsalat und Remoulade, allerdings in dem umgebauten und schick gestalteten Bistro oder im Sommer in dem kleinen Biergarten davor. Das Ladenbistro ist gut besucht, und wer seinen Backfisch nicht zum Verzehr mit nach Hause nehmen will, sollte rechtzeitig reservieren. Der Mittagsimbiss ist auch an den anderen Tagen der Woche beliebt, nicht zuletzt, weil man weiß, was einen erwartet: dienstags Tatar vom Saibling mit Reiberdatschi, mittwochs ist Fischpflanzerltag, donnerstags steht Fischsuppe auf dem Programm und am Freitag, wie schon gesagt, der legendäre Backfisch. Der ist nicht wegzudenken, genauso wenig wie die Fischpflanzerl am Mittwoch. An den beiden anderen Tagen ist die Küche etwas variabler, je nach Jahreszeit und Saison stehen dann auch mal Bowls oder frische Salate auf der Karte. Das Angebot an der Fischtheke richtet sich nach dem täglichen Fang aus dem See, den gibt es frisch und geräuchert, aber auch als Matjes oder Fischsalat. Saiblinge und Forellen aus Fischzuchten der Umgebung ergänzen das Angebot. Denn der See kann den Bedarf an Fisch schon lange nicht mehr decken, sodass alle Fischer zukaufen müssen. Der Gewässerreichtum des Chiemgaus ist zum Glück groß, sodass in den vielen Bächen und Weihern genügend Fische großgezogen werden können, um den Hunger von Einheimischen und Urlaubern zu stillen.

FISCHPFLANZERL

Für 6 Personen
Zubereitungszeit: ca. 45 Minuten

FÜR DIE FISCHPFLANZERL
1 Semmel vom Vortag
1 Bund glatte Petersilie
1 kg gemischtes Fischfilet (z. B. Weißfische, Hecht, Brachse, Waller, Forelle, etc.)
1 Zwiebel
1 Zehe Knoblauch
1 unbehandelte Zitrone
1 Ei
100 ml flüssige Sahne
ca. 100–200 g Semmelbrösel
Salz
frisch gemahlener schwarzer Pfeffer
ca. 2 EL Butterschmalz

ANRICHTEN
Rosmarinkartoffeln
Blattsalate der Saison
Remouladensauce
Zitronenspalten

FISCHPFLANZERL:
Die Semmel in etwas lauwarmen Wasser einweichen lassen. Die Petersilie waschen und gut trocken schütteln. Den Fisch und die Petersilie im einem Fleischwolf zerkleinern. Die weiche Semmel gut ausdrücken, mit der Hand etwas zerkleinern und zur Fischmasse geben. Die Zwiebel und den Knoblauch abziehen. Die Zwiebel fein würfeln und zum Fisch geben. Den Knoblauch durch eine Knoblauchpresse zum Fisch drücken. Die Zitrone heiß waschen, trocken reiben und die Schale fein abreiben. Anschließend den Saft auspressen. Beides zum Fisch geben. Das Ei und die Sahne zugeben und alles gut vermischen. Dann nach Bedarf Semmelbrösel zugeben, um einen sämigen Fischteig zu erhalten, und mit Salz sowie Pfeffer abschmecken. 1 EL Butterschmalz in einer Pfanne erhitzen. Aus dem Fischteig mit leicht angefeuchteten Händen 12 Pflanzerl formen und portionsweise (je 6 Pflanzerl) im heißen Fett braten.

ANRICHTEN:
Je 2 Fischpflanzerl auf den vorgewärmten Tellern anrichten. Die Rosmarinkartoffeln daneben platzieren. Den Teller mit einem Tupfen Remouladensauce und einer Zitronenpalte garnieren. Den Blattsalat in einer separaten Schale dazu servieren.

FISCHSEMMEL UND KLOSTERMARZIPAN

Die Fischer auf der Insel leben noch immer vom Fischfang, aber natürlich auch von den Gästen. Eine Semmel mit einer frisch geräucherten Renke, einer Portion Renkenmatjes oder Backfisch direkt auf der Insel gegessen, mit Blick auf das Bayerische Meer oder auf das Schloss des Märchenkönigs, das zwischen den Bäumen der gegenüberliegenden Herreninsel hervorblitzt, das ist schon ein besonderer Genuss. Wenn nach dem Inselrundgang noch Zeit bleibt, bevor das Boot kommt, lohnt sich ein Besuch des Klosterladens. Kenner*innen und Einheimische fahren übrigens extra deswegen auf die Insel, denn in dem Laden der Benediktinerinnen, die bis heute das Kloster bewirtschaften, gibt es »Gutes für Leib und Seele«. Vor allem zwei Delikatessen haben Suchtpotenzial: die Klosterliköre und das Klostermarzipan. Schon in der alten Klosterapotheke wurden Magenbitter und Kräuterliköre hergestellt, und diese Tradition setzt die Klosterkellerei bis heute fort. Für Naschkatzen ein Muss ist das Marzipan der Klosterschwestern. Die Zucker-Mandel-Masse ist zwar keine klösterliche Erfindung, sondern kam aus dem Orient nach Europa, aber in Frauenwörth versteht man sie meisterlich zuzubereiten. Das Marzipan wird liebevoll von Hand in alte oder neue Holzmodeln gedrückt.

Der Fisch mit dem Goldauge ist eines der beliebtesten Motive und Mitbringsel von der Insel, sofern er die Überfahrt übersteht. Viele knabbern beim Einsteigen die Schwanzflosse an und haben bei der Ankunft nur noch das Goldauge in der Hand. Denn das Geheimnis des zartschmelzenden Klostermarzipans, das nach streng gehütetem Rezept hergestellt wird, ist seine Frische. Jeden Tag wird es frisch hergestellt mit einem hohen Mandelanteil (51 Prozent). Da braucht es keinen Schokoladenüberzug oder sonstige Zutaten, es ist der frische, pure Marzipangenuss, der es so köstlich macht.

HERRENCHIEMSEE

Wäre es nach dem »Kini« gegangen, hätte niemand seine Schlösser je betreten, aber seit dem Tod des »Märchenkönigs« pilgern Millionen Menschen zu seinen Prachtbauten, 450.000 pro Jahr alleine nach Herrenchiemsee. Schon zwei Monate nach dem Tod von König Ludwig II. von Bayern kamen die ersten Schaulustigen auf die Insel und bestaunten das »Bayerische Versailles«, wie sie das unvollendet gebliebene Schloss tauften. Tatsächlich ist es die einzige Kopie des Schlosses von Versailles, und es sollte eine Ruhmeshalle für den Sonnenkönig werden, den der Bayerische Monarch über alles verehrte.

Ursprünglich waren auch auf Herrenchiemsee Benediktinermönche die ersten Siedler, gefolgt von Augustinern. Allerdings endete das klösterliche Leben hier 1803 mit der Säkularisation. Die Insel wurde verkauft, die Türme der Stiftskirche abgerissen und im Kirchenschiff eine Brauerei eingerichtet. König Ludwig ist es zu verdanken, dass die Insel heute ein Naturparadies mit wunderbarem Baumbestand ist. Er kaufte die Insel 1873 für 350.000 Gulden und rettete sie damit vor dem Kahlschlag durch württembergische Holzspekulanten.

Der »Kini« selbst wohnte nie in seinem neuen Prachtbau, denn als er 1886 starb, waren von seinem Prunkschloss gerade mal die königlichen Repräsentations- und Wohnräume fertiggestellt. Die Baukosten hatten sich bereits verdreifacht, und das Schloss war bis dahin schon teurer als Neuschwanstein und Linderhof zusammen. Trotzdem ist das »Neue Schloss«, wie es auch genannt wird, ein Bau der Superlative: Viereinhalb Kilo Blattgold wurden in den Prunkräumen verarbeitet, dreißigtausend Kerzen brannten in den herabsenkbaren Kronleuchtern, und der Spiegelsaal ist prächtiger als der von Versailles.

Die meisten Besucher*innen kommen auf die Insel, um diese Pracht zu bestaunen, die wenigsten wissen, dass die Insel auch ein kleines Wanderparadies, mit ausgedehnten Parkanlagen mit Blumenbeeten, aber auch mit uraltem Baumbestand ist, darunter eine Esche mit einem Stammumfang von sechs Metern, deren Alter auf dreihundert Jahre geschätzt wird. Auch Damwild lebt auf der Insel, und von der Ernte der Streuobstwiesen wird ein Bioschnaps gebrannt, der eine Verkostung durchaus wert ist.

»TISCHLEIN DECK DICH«

Das königliche Speisezimmer wurde zwar fertiggestellt, aber eine Küche gab es im Schloss nicht. Wie in Schloss Linderhof ist der prunkvolle Raum mit einem versenkbaren Tisch, dem sogenannten »Tischlein deck dich« ausgestattet. Der konnte im unteren Stockwerk gedeckt und voll beladen hochgefahren werden, da der melancholische Fürst kein Personal um sich haben wollte. Ob man ihm dort überhaupt etwas, und wenn ja, welche Art von Speisen serviert hat, ist nicht überliefert. Bekannt ist allerdings, dass der König gutem Essen durchaus zugeneigt war und dem mit zunehmendem Alter auch immer mehr zugesprochen hat. Sein Koch Theodor Hierneis hatte es allerdings nicht leicht, denn der König hatte schlechte Zähne, und so durften die Gerichte für ihn nicht zu viel Biss haben, um nicht zu sagen, es musste alles ziemlich weich gekocht werden. Eine seiner Lieblingsspeisen war das »Hechtenkraut«, das man mit Hecht aus dem See und Flusskrebsen zubereitete, die es damals in Bayern noch massenhaft gab. Für unser Rezept haben wir Dominik Wachter gebeten, es zu »modernisieren«, und seine Version dürfte uns heute auch noch »fürstlich« schmecken.

HERRENCHIEMSEE-HECHTENKRAUT

Für 4 Personen
Zubereitungszeit: ca. 90 Minuten

FÜR DIE KRUSTENTIERSAUCE

Karkassen von ca. 15 Garnelen
150 g gemischtes Gemüse (Fenchel, Zwiebel, Staudensellerie, Karotte, Lauch)
5 Zehen Knoblauch
80 g Tomaten
1 Zweig Thymian
2 EL Olivenöl
10 g Tomatenmark
50 ml Cognac
50 ml weißer Portwein
50 ml Noilly Prat
100 ml trockener Weißwein
200 ml Fischfond
150 ml flüssige Sahne
Piment d'espelette
Schalenabrieb von 1 unbehandelten Zitrone
Salz
frisch gemahlener schwarzer Pfeffer
80 g kalte Butter

FÜR DIE HECHTFARCE

150 g Hechtfleisch (ohne Haut und Gräten)
75 ml flüssige Sahne
30 g Eiweiß
3 g Salz
20 ml Noilly Prat
Schalenabrieb von 1 unbehandelten Zitrone
frisch gemahlener weißer Pfeffer

FÜR DEN KONFIERTEN CHIEMSEE-HECHT

4 Hechtfilets (à ca. 100 g, ohne Gräten)
80 g Salz
30 g Zucker
500 g geklärte Butter

FÜR DIE KNUSPRIGE HECHTHAUT

4 Hechthäute (s. o.)
Salz

FÜR DAS SPITZKRAUT MIT SENF

500 g Spitzkraut
1 Zwiebel
50 g Butter
Salz
frisch gemahlener weißer Pfeffer
1 EL mittelscharfer Senf
1 EL süßer Senf
1 EL grober Senf
heller Essig

ZUM ANRICHTEN

Fleur de Sel
Kräuter (z. B. Dill)

KRUSTENTIERSAUCE:

Die Karkassen klein scheiden. Das Gemüse putzen, gegebenenfalls schälen und grob zerkleinern. Den Knoblauch abziehen und hacken. Die Tomaten waschen und grob zerkleinern. Den Thymian waschen und trocken schütteln. Das Olivenöl in einem Topf erhitzen und die Karkassen anbraten. Das Gemüse, den Knoblauch, den Thymian und das Tomatenmark zugeben und ebenfalls anbraten. Dann mit dem Cognac, dem Portwein und dem Noilly Prat ablöschen und komplett einkochen lassen. Anschließend mit dem Weißwein und dem Fischfond aufgießen, die Tomaten untermischen, einmal aufkochen und 45 Minuten köcheln lassen. Danach durch ein feines Sieb passieren in einen Topf passieren und die Sauce um die Hälfte reduzieren. Anschließend die Sahne unterrühren, mit Piment d'espelette und dem Schalenabrieb würzen und mit Salz und Pfeffer abschmecken. Vor dem Servieren die Sauce mit der Butter montieren und mit einem Stabmixer aufschäumen.

HECHTFARCE:

Das Hechtfleisch in kleine Würfel schneiden und im Gefrierschrank anfrieren. Dann zusammen mit den restlichen Zutaten in einen Standmixer umfüllen und fein pürieren. Die Farce anschließend durch ein feines Sieb streichen. Frischhaltefolie auf der Arbeitsplatte auslegen und die Farce so darauf verteilen, dass eine Rolle mit ca. 7 cm Durchmesser entsteht. Die Frischhaltefolie fest um die Farcerolle wickeln und die Enden fest eindrehen. Die Rolle in 80 °C warmem Wasser

20 Minuten garen. Danach die Rolle in 2 cm dicke Scheiben aufschneiden, mit Frischhaltefolie abdecken und im auf 80 °C vorgeheizten Backofen warmstellen.

KONFIERTER CHIEMSEE HECHT:
Die Haut der Hechtfilets abziehen und für »Knusprige Hechthaut« beiseitelegen. Das Salz und den Zucker in 1 l Wasser auflösen. Die Lake auf 5 °C temperieren und die Hechtfilets 25 Minuten darin beizen. Anschließend die Hechtfilets gut abtropfen lassen und trocken tupfen. Die geklärte Butter auf 70 °C erwärmen und die Hechtfilets darin ca. 18 Minuten auf eine Kerntemperatur von 56 °C konfieren.

KNUSPRIGE HECHTHAUT:
Die Häute sorgfältig entschuppen und den Fischtran auf der Innenseite komplett abschaben. Die Häute dann glatt auf einem mit einer Silikonbackmatte ausgelegten Backblech ausbreiten und leicht salzen. Eine weitere Silikonbackmatte darüberlegen und das Ganze mit einem ofenfesten Gegenstand beschweren. Die Häute im auf 175 °C vorgeheizten Backofen (Ober-/Unterhitze) ca. 20 Minuten goldbraun und knusprig backen.

SPITZKRAUT MIT SENF:
Das Spitzkraut putzen, den groben Strunk entfernen und den Rest in feine Streifen schneiden. Die Zwiebel abziehen und fein würfeln. Die Butter in einem Topf erhitzen und die Zwiebel anschwitzen, dann das Kraut dazugeben und anbraten. Mit Salz und Pfeffer würzen und unter Rühren bei mittlerer Temperatur bissfest garen. Dann die verschiedenen Senfsorten unterrühren und mit einem Spritzer Essig abschmecken.

ANRICHTEN:
Das Spitzkraut mit Hilfe eines Anrichterings mittig auf den Tellern platzieren. Darauf jeweils erst eine Scheibe Hechtfarce und dann ein Hechtfilet anrichten. Etwas Fleur de Sel darüberstreuen. Die knusprige Hechthaut schräg anstellen. Die schaumige Krustentiersauce darübergeben und mit den Kräutern garnieren.

BIER UND BROT UNTER EINEM DACH – »CAMBA BAVARIA«

Tradition und Innovation im Chiemgau – die Brauerei »Camba Bavaria« ist eines der besten Beispiele dafür. Die inzwischen viel beschriebene Geschichte des Unternehmens hat am romantischen Ufer der Alz in Truchtlaching begonnen. Dort errichtete der Braumeister Markus Lohner eine kleine Schaubrauerei, eigentlich nur, um seinen Kunden die Funktion der Brauanlagen zu demonstrieren, die er ihnen verkaufte. Aber es dauerte nicht lange, da wollten die Truchtlachinger auch probieren, was dort gebraut wurde, und im Nu wurde aus der Schaubrauerei eine Gaststätte mit gemütlichem Biergarten an der Alz und einem Angebot an Bieren, wie man sie im Chiemgau noch nie zuvor getrunken hatte, darunter Pale Ale, IPA oder im Holzfass gereiftes Imperial Stout. Ganz neue Geschmackswelten erschlossen sich da, aber auch die traditionell gebrauten Biere aus der Versuchsbrauerei schmeckten den Einheimischen wie den Radler*innen und den Teilnehmer*innen der Floßfahrten auf der Alz, die das Brauhaus für sich entdeckten.

Als die Craftbier-Szene ihren Aufschwung nahm, kam man mit dem Bauen und Liefern von Brauanlagen nicht mehr nach. Mehr Platz, mehr Transparenz war notwendig, und so zog man vom beschaulichen Truchtlaching ins Gewerbegebiet des nahe gelegenen Seeon-Seebruck um. Dort sind jetzt alle Camba-Geschäftszweige gebündelt, von der »Braukorn«, die Brauanlagen baut, über die Brauerei bis zur neu hinzugekommenen Biobäckerei. Bier und Brot, darauf deutet der Name schon hin, denn sie haben die gleiche Basis und entstanden in früheren Zeiten in den sogenannten »Cambas«, den Back- und Brauhäusern der Klöster. Und die Mönche bezeichneten ihr Bier damals ja auch gerne als »flüssiges Brot«.

Wie dem auch sei, wenn der Duft nach frischem Brot, nach Semmel und Brezn in die Nase steigt, fühlt sich das sofort heimelig an. Und es mildert etwas den Eindruck der imposanten »gläsernen Brauerei«. Staunend stehen die Besucher*innen vor den hohen Sudkesseln, den unzähligen Zapfhähnen und den großen Tafeln, auf denen die Biersorten angeschrieben sind, die verkostet werden können. fünf bis sechs traditionelle und zehn bis fünfzehn internationale Biersorten, darunter spezielle Saisonbiere und limitierte Editionen, stehen täglich frisch gebraut zur Auswahl, ein Dorado für Bierfans. Die kommen hier voll auf ihre Kosten, denn es gibt ein breites Angebot an Tastings und Führungen, von der individuellen Tour über geführte Degustationen mit Biersommeliers bis hin zu Food-Pairings wie Bier und Schokolade oder Bier und Käse. Ob beim Stammtisch oder Firmenevent, an den rustikalen Holztischen haben

bestimmt schon viele ihre Liebe zum Bier entdeckt, auch wenn sie vorher keine Fans waren.

Kein Wunder, wenn 40 Braumeister und Braumeisterinnen in einer Brauerei beschäftigt sind, muss sich das ja in der Bier- und Geschmacksvielfalt niederschlagen. Zwar sind die meisten als Projektleiter*innen im Anlagenbau tätig, aber alleine schon, um den Bezug zur Praxis nicht zu verlieren, setzen sie immer wieder einen Sud an, der dann als monatliche »Braumeister-Edition« aus dem Zapfhahn fließt. Wie soll man bei einer so großen Auswahl nicht schwankend aus der Brauerei gehen? Zum Glück gibt es die Möglichkeit, sich auch mit kleinen 0,1-Liter-Gläschen durchzuprobieren, und die Bierstangerl und andere Brotspezialitäten aus der Bäckerei sorgen für eine gute Unterlage. Im Sommer machen die Radler*innen gerne im Biergarten Rast, aber auch die Seeoner und Truchtlachinger genehmigen sich dort ein Bier und eine Brotzeit aus der Bäckerei oder einen Cappuccino nach dem Broteinkauf.

Zu den Bierverkostungen serviert man gerne Aufstriche und Dips, die gut zu den würzigen Bierstangerln aus der Bäckerei passen.

CAMBA-BIERDIP

Für 4 Personen
Zubereitungszeit: ca. 20 Minuten

FÜR DEN CAMBA-BIERDIP
40 ml Camba Dark Side (Black Lager Craft Beer)
100 ml flüssige Sahne
60 g Gouda (geraspelt)
30 g Doppelrahmfrischkäse
Salz
frisch gemahlener schwarzer Pfeffer

zum Anrichten:
4 Brezen

CAMBA-BIERDIP:
Das Bier zusammen mit der Sahne in einem Topf kurz aufkochen. Anschließend die Temperatur stark reduzieren. Den Käse fein reiben und portionsweise in die Sauce rühren, bis eine glatte Masse entstanden ist. Dann den Frischkäse unterrühren und mit Salz und Pfeffer würzen.

ANRICHTEN:
Den warmen Dip in kleine Gläser oder Schalen abfüllen und zusammen mit den Brezen servieren.

TIPP:
Der Dip kann gut vorbereitet und vor dem Servieren in der Mikrowelle oder im Wasserbad erwärmt werden.

MEHR IDYLL GEHT NICHT – DER GROSSRACHLHOF

Ferien auf dem Bauernhof sind ein Klassiker im Chiemgau, und idyllischer als auf dem Großrachlhof kann man sie kaum verbringen. Der stattliche Aussiedlerhof liegt inmitten grüner Wiesen am Fuß der Hochplatte, dahinter ragt die Kampenwand auf und gegenüber Hochgern und Hochfelln. Das Achental weitet sich hier zum See hin, sodass der Hof den ganzen Tag über sonnenbeschienen ist.

Juniorchef Jakob Sichler kennt jeden Gipfel und gibt seinen Gästen immer wieder gute Tipps für Wanderungen und Ausflüge. Manchmal, wenn es die Zeit erlaubt, macht er sich sogar selbst mit ihnen auf den Weg zu seinen geheimen Lieblingsplätzen. Ehefrau Mirjam bietet zur entsprechenden Jahreszeit Kräuterwanderungen an, organisiert das Weißwurst-Frühstück und andere kleine Events für die Gäste oder nimmt sie mit auf die zum Hof gehörende Alm. Dass die Kinder im Heu herumtoben und in den blitzsauberen Stall dürfen, ist selbstverständlich, denn auf dem Großrachlhof gibt es noch hundert Milchkühe und allerhand andere Tiere, hier wird noch richtig Landwirtschaft betrieben. Gleichzeitig ist der Hof ein Paradies zum Relaxen in schönster Natur. Individuelle Sitzgruppen, bequeme Liegen und die vielen lauschigen Plätze rund ums Haus laden dazu ein. Als wäre ein Bauernhof nicht Abenteuer genug, gibt es noch einen perfekten Kinderspielplatz, einen üppig blühenden Bauerngarten, um den sich die Seniorchefin kümmert, und eine Sauna für die kühlen Tage. Denn die komfortablen Apartments sind auch für Winterferien geeignet und der Chiemgau sowieso.

Jakob Sichler ist Öko-Landwirtschaftsmeister und Mirjam hat Ernährungswissenschaft studiert, die beiden sind die siebzehnte Generation auf dem seit 1429 bewirtschafteten Hof, der sogar erstmals 1114 urkundlich erwähnt wurde. Dem prächtigen Haus mit den gemütlichen Hausbänken davor sieht keiner an, dass es sich um einen Aussiedlerhof handelt. Es schaut aus, als würde es seit Jahrhunderten so dastehen, obwohl das tatsächliche Baujahr 1984 ist. Senior Josef Sichler hat bei dem Neubau allergrößten Wert auf eine traditionelle Chiemgauer Bauweise gelegt, mit viel heimischem Holz. Hier am Ortsrand, umgeben von Wiesen, auf denen Kühe und Hühner Auslauf haben, ist viel mehr Platz als im alten Erbhof, im Zentrum von Grassau. Wenn in den Ferien alle Wohnungen belegt sind, dann kommen schon mal vierzig bis fünfzig Personen bei einem der wöchentlichen Grillabende zusammen.

Dann schenkt der Senior gerne mal einen von seinen selbst gebrannten Schnäpsen aus, und die Damen nehmen vielleicht ein Gläschen von Mirjams selbst gemachtem Eierlikör, der hellgelb, cremig und köstlich ist. Das Rezept ist natürlich streng geheim, aber eines ist sicher: dass er aus den frischesten Eiern, direkt vom Hof gemacht wird. Von Zeit zu Zeit wird der mobile Legehennenstall von einer Wiese zur nächsten gezogen, damit die Hühner immer wieder frisches Grün picken können. Der Großrachlhof ist wirklich für alle Eventualitäten gerüstet. Ein gemütlicher Aufenthaltsraum wurde gerade neu gebaut, man nennt ihn übrigens liebevoll »Hühnerstall«. Dort, überlegt Jungbäuerin Mirjam, wird sie vielleicht kleine Kräuter-Kulinarik-Seminare oder Kochkurse für die Gäste anbieten. Ansonsten trifft man sich dort auf ein Bier oder zu Gesellschaftsspielen. Das Besondere an Ferien auf dem Bauernhof ist, dass die Gäste irgendwie Familienmitglieder auf Zeit werden und auch gerne wiederkommen. Deshalb hat der Großrachlhof viele Stammgäste.

KEIN SELFIE MIT DER KUH!

Es kann auf den Chiemgauer Wiesen auch schon mal zu unerwarteten und ungewohnten Begegnungen kommen, zum Beispiel beim Überqueren einer Weide mit Rindern. Kälber sind neugierig und kommen den Wanderern, die da durch ihr Wohnzimmer stapfen, manchmal etwas übermütig entgegen. Vorsicht, raten die Bauern, man sollte ihnen lieber ausweichen und nicht zu nahe kommen. Überhaupt ist es besser, einen Bogen um Herden mit Kälbern zu machen. Eine Viehweide ist kein Streichelzoo, und auf Selfies mit der Kuh sollte man auch lieber verzichten. Im Zweifelsfall lieber einen Umweg in Kauf nehmen, als einen Zusammenstoß zu riskieren.

DER »POPPEI«-WAGEN

Dieser mobile Stall ist eine geniale Erfindung von Jakob Sichler und seinem Partner Thomas Poppe, die bestimmt bald Schule machen wird im Chiemgau. Der untere Teil ist verglast, sodass man den Hühnern ins Wohnzimmer schauen kann. Den Fuchs wird's ärgern, denn er sieht seine Beute, kommt aber nicht ran. Im Gegensatz zu den Gästen, die bekommen die frischen Eier in ihren Frühstückskorb, den sie bei der Bäuerin bestellen können.

EIERLIKÖR-GUGELHUPF

Für 4 Personen
Zubereitungszeit: ca. 70 Minuten

FÜR DEN EIERLIKÖR-GUGELHUPF

250 g Mehl Type 405
1 Pkg. Backpulver
250 g Puderzucker
5 Eier
1 Pkg. Bourbon-Vanillezucker
250 ml neutrales Pflanzenöl
250 ml Eierlikör
etwas Butter und Semmelbrösel für die Form

ZUM ANRICHTEN

100 g flüssige Sahne
3–4 EL Eierlikör
1 Handvoll Heidelbeeren

EIERLIKÖR-GUGELHUPF:
Das Mehl und das Backpulver mischen und in eine Schale sieben. Den Puderzucker, die Eier und den Vanillezucker in der Rührschüssel einer Küchenmaschine schaumig rühren. Das Öl und den Eierlikör zugeben und kurz auf mittlerer Stufe unterrühren. Das Mehl unter den Teig rühren. Eine Gugelhupfform mit Butter ausstreichen und mit Semmelbröseln auskleiden. Den Teig einfüllen und glattstreichen. Den Gugelhupf im auf 160 °C vorgeheizten Backofen (Heißluft) 50–60 Minuten backen. Am Ende der Backzeit als Garprobe mit einem langen Holzstäbchen in den Kuchen stechen. Beim Herausziehen sollten keine Teiganhaftungen mehr zu sehen sein. Den Kuchen abkühlen lassen und aus der Form auf ein Kuchengitter stürzen.

ANRICHTEN:
Die Sahne steif schlagen, in eine Spritztülle umfüllen und dekorativ auf den Gugelhupf spritzen. Abschließend mit etwas Eierlikör beträufeln und mit den Heidelbeeren garnieren.

TIPP:
Alternativ reichlich Puderzucker über den Kuchen sieben.

KRÄUTERSCHMARRN MIT BERGKÄSE

Für 4 Personen
Zubereitungszeit: ca. 45 Minuten

FÜR DEN KRÄUTER-SCHMARRN MIT BERGKÄSE

70 g Mehl Type 405
1 TL Backpulver
70 g Hartweizengrieß
4 Eier
Salz
1 Handvoll frische Kräuter (z. B. Petersilie, Dill, Minze, Schnittlauch, Wildkräuter)
150 g frischer junger Spinat
1 kleine Zehe Knoblauch
Abrieb einer unbehandelten Zitrone
1 TL mittelscharfer Senf
250 g Topfen (Magerstufe)
50 ml Vollmilch
1 Schuss kohlensäurehaltiges Wasser
frisch gemahlener schwarzer Pfeffer
20 g Butter
100 g Bergkäse

KRÄUTERSCHMARRN MIT BERGKÄSE:

Das Mehl mit dem Backpulver vermischen und in eine Schale sieben, den Grieß untermischen. Die Eier trennen. Das Eiweiß in eine Rührschüssel füllen, das Eigelb beiseitestellen. Das Eiweiß mit 1 Prise Salz zu festem Eischnee schlagen. Die Kräuter und den Spinat waschen und gut trocken schütteln. Einige Kräuter als Garnitur beiseitelegen. Den Knoblauch abziehen und grob hacken. Die restlichen Kräuter zusammen mit dem Spinat, dem Knoblauch, dem Zitronenabrieb, dem Senf, dem Topfen, der Milch und dem beiseitegestellten Eigelb in einen Standmixer füllen und fein pürieren. Die Masse in eine Rührschüssel umfüllen. Erst die Mehlmischung, dann das Wasser unterrühren. Zum Schluss den Eischnee unterheben und den Teig mit Salz und Pfeffer herzhaft abschmecken. Die Hälfte der Butter in einer Pfanne bei mittlerer Temperatur schmelzen und die Hälfte des Teigs hineinschöpfen. Den Pfannkuchen auf der Unterseite langsam goldbraun braten und dann wenden. Sobald der Pfannkuchen auch auf dieser Seite goldbraun ist, mit Hilfe von Gabeln in mundgerechte Stücke zerrupfen. Den Schmarrn warmstellen und mit der restlichen Butter und dem restlichen Teig ebenso verfahren. Den Bergkäse fein reiben. Vor dem Servieren über den warmen Schmarrn streuen.

ANRICHTEN:

Den Schmarrn auf den Tellern anrichten und mit den beiseitegestellten gehackten Kräutern garnieren.

GASTHOF MIT AUSSICHT – »LANDGASTHOF HITTEN-KIRCHEN«

Der Blick aus dem Gastraum ist selbst an windigen Januartagen gigantisch. Der Chiemsee und die Herreninsel liegen ausgebreitet vor einem. Dass sich ein junges Paar wie Patrick und Anja sofort in das Anwesen verliebt hat, ist kein Wunder.

Er Gastronom und Hotelfachmann, sie Spa- und Wellnessmanagerin, die beiden wollten sich schon immer selbstständig machen und haben diesen Schritt »frohen Mutes«, wie Patrick sagt, 2020 gewagt. Ihr Anliegen: »Einen Ort schaffen, an dem wir beide gerne selbst Gast wären«. Und so ist aus dem alten Dorfwirtshaus mit sechs Gästezimmern eine gelungene Mischung aus traditionellem und zeitgemäßem Lebensstil geworden. Thomas Bufler, der Gründer des Wirtshauses, schaut von der Wand und wundert sich wahrscheinlich, weshalb die jungen Leute wieder das Goldrandgeschirr der Großmutter aus dem Schrank geholt haben. Aber es sind diese kleinen, netten Details, die in dem ursprünglich-rustikalen Gastraum der 1970er-Jahre ein liebenswertes Ambiente schaffen. Eckbänke, Vorhänge und Lampen wurden modernisiert, aber der alte grüne Kachelofen verbreitet weiterhin gemütliche Wärme.

Auch wenn hier längst kein Schweinebraten mit Knödel mehr auf den Tisch kommt, ist das Wirtshaus doch immer noch auch Dorfgaststätte. »Nicht mehr für jeden Tag, aber für die besonderen Gelegenheiten«, sagt Patrick. Die Trophäen des Schützenvereins stehen unübersehbar in der Vitrine und für die Schützen, deren Heim im

Keller ist, bietet die Küche auch gerne eine vereinfachte Version der À-la-Carte-Gerichte an. Ansonsten ist der Anspruch eher, gehobene regionale Küche zu servieren. Und da man sehr großen Wert auf Produkte von kleinen Produzenten aus der Umgebung legt, ist das Preisniveau vorgegeben.

Die gebürtige Prienerin Anja kümmert sich um die Gästezimmer und das Büro, und Patrick, der schon als Kind in der heimischen Gastronomie in Augsburg mitgearbeitet hat, ist für Küche, Wein und Service zuständig. Natürlich nicht alleine, sondern mit Küchenchef Moritz und einem Helfer, managen sie alles zu dritt. Die fast wöchentlich wechselnde Speisekarte beinhaltet immer ein vegetarisch/veganes Menü für »Tierliebhaber« und ein Menü für »Fleischfresser« – mit jeweils fünf Gängen, die man beliebig kombinieren kann.

Spannend wie die Speisekarte ist auch die Weinauswahl, denn Patrick und Anja sind große Fans von Naturweinen und Weinen aus Südosteuropa. Deshalb stehen auch Weine aus Rumänien, Bulgarien und Georgien auf der Karte, aber natürlich auch aus Österreich und anderen Anbaugebieten. Wer nach einem ausgiebigen Essen und einer guten Flasche Wein beschließt, nicht mehr ins Auto zu steigen, dem stehen die netten Gästezimmer zur Verfügung.

Eines steht fest: In diesem Landgasthof geht es nicht um Masse, sondern um Klasse, und dass die Öffnungszeiten eingeschränkt sind, ist dem Umstand geschuldet, dass man hier versucht, Gastronomie und Work-Life-Balance in Einklang zu bringen. Sicher ein kluges Unterfangen, wenn man auch weiterhin gutes Personal in der Gastronomie halten möchte.

HASELNUSS-SCHUPFNUDELN | BUTTERNUSSKÜRBIS | FELDSALAT

Für 4 Personen
Zubereitungszeit: ca. 2,5 Stunden plus 30 Minuten Ruhezeit

FÜR DIE VEGI-JUS

1 Zwiebel
2 Zehen Knoblauch
1 Karotte
1 Stange Staudensellerie
1 EL Rapsöl
2 Lorbeerblätter
10 schwarze Pfefferkörner
1 TL Koriandersaat
3 Pimentkörner
2 El Tomatenmark
750 ml trockener Rotwein
1 l Gemüsefond
1 TL Maisstärkemehl (optional)
Abrieb 1 unbehandelten Zitrone
Salz
frisch gemahlener schwarzer Pfeffer
Olivenöl

FÜR DAS FELDSALATPESTO

500 g Feldsalat
100 g Walnusskerne
50 ml Olivenöl
Salz

FÜR DIE HASELNUSS-SCHUPFNUDELN

300 g mehligkochende Kartoffeln
Salz
1 Ei
100 g Weizenmehl Type 405 plus etwas mehr für die Teigbearbeitung
100 g gemahlene Haselnusskerne
2 EL Butter

FÜR DEN BUTTERNUSSKÜRBIS

500 g Butternusskürbis
1 EL Olivenöl
Abrieb 1 unbehandelten Zitrone
Salz
frisch gemahlener schwarzer Pfeffer

FÜR DIE ROTE BETE

1 kleine Knolle Rote Bete
Zitronensaft
Salz
frisch gemahlener schwarzer Pfeffer
Olivenöl

ZUM ANRICHTEN

einige Rosetten Feldsalat

VEGI-JUS

Die Zwiebel und den Knoblauch abziehen und in feine Würfel schneiden. Die Karotte schälen, den Staudensellerie putzen, beides in 1 cm große Würfel schneiden. Das Öl in einem Topf erhitzen und die Zwiebel, den Knoblauch und das Gemüse anschwitzen. Dann die Gewürze zugeben und mit rösten. Das Tomatenmark zugeben und anrösten. Anschließend mit dem Rotwein ablöschen und diesen um 1/4 reduzieren. Danach den Gemüsefond aufgießen. Die Sauce 2 Stunden leicht köcheln lassen. Anschließend durch ein feines Sieb in einen Topf passieren, erneut aufkochen und auf ein 1/4 einkochen. Nach Wunsch kann die Sauce mit der in etwas Wasser glattgerührten Maisstärke gebunden werden. Abschließend die Sauce mit dem Zitronenabrieb, Salz, Pfeffer und Olivenöl abschmecken.

FELDSALATPESTO

Den Feldsalat sorgfältig putzen und waschen, danach gut abtropfen lassen. Den Feldsalat zusammen mit den Walnusskernen, dem Olivenöl und etwas Salz in einen Standmixer füllen und zu einer Paste mixen.

HASELNUSS-SCHUPFNUDELN

Die Kartoffeln in Salzwasser weichkochen, schälen und noch heiß durch eine Kartoffelpresse in eine Schüssel drücken. Nachdem die Kartoffeln etwas abgekühlt sind, das Ei, Das mehl und die Haselnusskeren zugeben und mit Salz würzen. Das Ganze mit den Händen zu einem geschmeidigen Teig kneten, diesen zu einer Kugel formen und etwa 30 Minuten ruhen lassen. Anschließend den Teig auf der bemehlten Arbeitsfläche portionieren und etwa daumendicken Rollen daraus formen. Die Rollen in etwa 2 cm lange Stücke schneiden und diese mit den Händen zu Nudeln mit spitzen Enden rollen.
Reichlich Salzwasser in einem großen Topf zum Kochen bringen. Die Schupfnudeln einlegen und ziehen lassen, bis sie an der Oberfläche schwimmen. Mit einem Schaumlöffel aus dem Wasser heben und auf Küchenkrepp gut abtropfen lassen. Bis zur Weiterverwendung kühlstellen. Vor dem Servieren die Butter in einer Pfanne bei mittlerer Temperatur erhitzen und die Schupfnudeln anbraten.

BUTTERNUSSKÜRBIS

Den Kürbis schälen, die Kerne entfernen, das Fruchtfleisch in 3-4 cm große Würfel schneiden und diese in eine Schüssel füllen. Das Olivenöl und die Zitronenzesten darüber geben und mit Salz sowie Pfeffer würzen. Die Kürbiswürfel gut durchmischen und dann auf einem mit Backpapier oder einer Silikonbackmatte ausgekleidetem Backblech ausbreiten. Anschließend im auf 160 °C vorgeheizten Backofen (Ober-/Unterhitze) 30 Minuten schmoren. Die Würfel sollten noch etwas Biss haben.

ROTE BETE

Die Rote Bete schälen und mit einem Gemüsehobel dünn raspeln. Dabei empfiehlt es sich Einmalhandschuhe zu tragen, da der Saft der Roten Bete sehr stark färbt. Die Raspel mit dem Zitronensaft, Salz, Pfeffer und Olivenöl marinieren.

ANRICHTEN

Das Feldsalatpesto auf dem Teller ausstreichen und die Schupfnudeln darauf anrichten. Die Rote Bete-Raspel darüber verteilen und die vegane Jus darum herum gießen. Mit einigen Rosetten Feldsalat garnieren.

TIPP

Die vegane Jus eignet sich für viele vegetarische Gerichte.

RUMKUCHEN | PASTINAKE | KAFFEE | MANDARINE

Für 4–6 Personen
Zubereitungszeit: ca. 1 Stunde plus 2–3 Stunden Ruhezeit

FÜR DAS KAFFEE-EIS
250 ml Vollmilch
250 ml flüssige Sahne
125 g Zucker
6 Eigelb
40 g Espressobohnen

FÜR DAS MANDARINEN-GEL:
175 g Mandarinen (ca. 300 ml-Konserve)
1,5 g Agar-Agar

FÜR DEN RUMKUCHEN
150 g Zucker
150 ml bester Rum (z.B. Rumult)
200 g Weizenmehl Type 405
1 TL Backpulver
100 g weiche Butter plus etwas mehr für die Form
2 Eier
Mark einer ½ Vanilleschote
1 Prise Salz
75 ml Vollmilch

FÜR DIE PASTINAKEN-CREME
500 g Pastinake
½ Vanilleschote
500 ml Vollmilch
200 ml flüssige Sahne

KAFFEE-EIS

Die Milch und die Sahne aufkochen. Dann vom Herd ziehen und etwas abkühlen lassen. Das Eigelb mit dem Zucker cremig aufschlagen. Die warme Milch-Sahnemischung auf die Eigelb-Zucker-Mischung gießen und über einem Wasserbad unter ständigem Rühren mit dem Schneebesen auf 86°C erhitzen. Dann die Espressobohnen untermischen. Die Eisgrundmasse abgedeckt im Kühlschrank auskühlen lassen.

Anschließend die Eisgrundmasse durch ein Sieb passieren und rechtzeitig vor dem Servieren in der Eismaschine zu einem cremigen Eis rühren.

MANDARINEN-GEL

Die Mandarinen komplett mit Saft in einen Standmixer füllen und pürieren. Dann in einen Topf umfüllen, das Agar-Agar unterrühren und das Püree aufkochen. Danach zum Abkühlen vom Herd ziehen und im Kühlschrank auskühlen lassen. Vor dem Servieren das Püree mit einem Stabmixer nochmals aufmixen, in eine Spritzflasche umfüllen und kaltstellen.

RUMKUCHEN

100 g Zucker mit 200 ml Wasser aufkochen, bis sich der Zucker vollständig aufgelöst hat. Den Zuckersirup vom Herd ziehen und abkühlen lassen. Dann mit dem Rum vermischen und den Rum-Sirup in eine Flasche abfüllen.
Das Mehl mit dem Backpulver in eine Schale sieben und beiseitestellen. Die Butter mit dem restlichen Zucker (50 g) schaumig rühren. Dann nacheinander die Eier zugeben und unterrühren. Anschließend die Mehlmischung, das Vanillemark, das Salz und die Milch unterrühren. Eine Muffinform mit Butter ausstreichen und den Teig einfüllen. Die Muffins im auf 160 °C vorgeheizten Backofen (Ober-/Unterhitze) ca. 30 Minuten backen. Die Muffins anschließend sofort aus der Form lösen und mit dem Rum-Sirup tränken. Dann zum Abkühlen auf ein Kuchengitter stellen.

PASTINAKEN-CREME

Die Pastinaken schälen und grob zerkleinern. Die Vanilleschote mit einem spitzen Messer längs aufschlitzen und das Mark auskratzen. Das Vanillemark und die -schote mit der Mich und der Sahne in einem Topf vermischen. Die Pastinaken zugeben und weichkochen. Sobald die Pastinaken sehr weich sind, das Ganze in einen Standmixer umfüllen und dabei die Vanilleschote entfernen. Den Rest zu einer feinen Creme mixen.

ANRICHTEN

1 EL Pastinaken-Creme auf den Tellern verstreichen und eine Kugel Kaffee-Eis daraufsetzen. Den Rumkuchen daneben anrichten und alles mit Mandarinenpüree-Tupfern verzieren.

»MITTEL ZUM LEBEN« – DER BIOHOF »CHIEMGAUKORN«

Idylle trifft Professionalität und Innovation, so könnte man den Hof von Julia Reimann und Stefan Schmutz beschreiben. Das Anwesen befindet sich in Weiding, einem typischen Weiler mit fünf Häusern im südlichen Chiemgau. Was die beiden Agraringenieure aus dem dreihundert Jahre alten Anwesen gemacht haben, hat Vorbildcharakter.

In dem von drei Seiten umschlossenen Hof laden Sitzgruppen zum Verweilen ein. An schönen Sommertagen findet sich hier ein schattiges Plätzchen, um Kaffee mit hausgemachtem Kuchen zu genießen oder auch eine der vielen Varianten des Urgetreidesalats, der ein wunderbares Sommergericht ist. Auch zu einem gesunden Frühstück lädt das Hofcafé von Julia Reimann ein. Es gibt Bauernbrot mit Linsenaufstrich, Spiegelei von glücklichen Hühnern mit Linsensprossen, Müsli oder Buchweizengrütze mit Früchten oder frisch gemixte Smoothies mit Leinmehl und Leinöl. Manchmal bäckt die Hausherrin auch frische Emmer-Brownies aus der hauseigenen Backmischung oder Buchweizentorte. Alle Produkte stammen aus der eigenen Hofmanufaktur.

Seit 2005 betreiben Julia Reimann und Stefan Schmutz den Hof nun schon nach den Richtlinien des Naturlandverbandes. Der Chiemgauer Landwirtssohn und die Hamburgerin lernten sich während des Studiums an der Humboldt-Universität in Berlin kennen, wo sie beide Agrarwissenschaften und Pflanzenbau studierten. Es funkte auf allen Ebenen, und sie waren sich schnell einig, dass sie nur eine ressour-

cen- und bodenschonende Landwirtschaft betreiben wollten. »Früher war es durchaus üblich, dass verschiedene Pflanzen auf einem Acker angebaut wurden, was für Pflanzen und Boden förderlich ist«, sagt die Agraringenieurin und auf diese Mischkulturen haben sie sich zurückbesonnen. Allerdings ist diese Art des Anbaus weniger ertragreich und die Ernte schwieriger. Die beiden Agrarwissenschaftler experimentierten trotzdem mit Mischfruchtanbau, mit alten Getreidesorten und Saaten. Und siehe da, auf der inzwischen auf hundertachtzig Hektar angewachsenen Ackerfläche gedeihen Urdinkel, Emmer und Einkorn, Roggen, Weizen, Hafer und Braunhirse, Buchweizen, Linsen und Leinsaat, alles in bester Bioqualität. Die Hofmanufaktur, in der Getreide- und selbst entwickelte Backmischungen, Nudeln, Öl und verschiedene Mehlsorten hergestellt und direkt vermarktet werden, macht dieses Konzept rentabel.

2020 haben Julia Reimann und Stefan Schmutz die Zeit im Lockdown genutzt und ihren Hofladen erweitert und neu gestaltet. Entstanden ist eine schicke kleine »Hofboutique« mit einer großen Auswahl an Bioprodukten, einer Verkaufstheke und einer gemütlichen Sitzecke, ideal für einen Kaffeeklatsch. »Endlich«, sagt Julia Reimann, »gibt es jetzt auch Platz für tolle Sachen von Kollegen und für schöne Back- und Kochutensilien.« In den Regalen stehen Tees, Säfte, Gewürze, Aufstriche und allerhand Eingelegtes, Seifen aus Hanf- und Leindotteröl, Kürbiskernprodukte sowie Kartoffeln und Eier aus der Nachbarschaft. Natürlich nimmt auch das eigene umfangreiche Sortiment den entsprechenden Platz ein. Eine Erfindung von »Chiemgaukorn« ist der sogenannte »Bayerische Reis«, der sowohl in der gehobenen Gastronomie als auch von engagierten Kantinenköchen inzwischen hochgeschätzt wird. Er besteht aus Urgetreidearten wie Emmer, Einkorn oder Urdinkel und ist wie Reis in zwanzig Minuten gar. Für diesen »Reis« wird die äußere Schicht des Korns sanft poliert, sodass die Körner nicht mehr eingeweicht werden müssen, wie es früher der Fall war. Er ist schnell fertig, und seine wertvollen Inhaltsstoffe bleiben erhalten. Köstlich und gesund sind auch die Beluga-Linsen, die aufgrund ihrer schwarzen Farbe und weil sie so klein sind auch Kaviarlinsen genannt werden. Sie eignen sich besonders für Salate, da sie beim Kochen nicht zerfallen und knackig bleiben.

Über den Anbau, aber auch über die Zubereitung und den gesundheitlichen Nutzen ihrer Produkte gibt Julia Reimann gerne Auskunft.

Im Zuge der Erweiterung des Hofladens ist auch ein kleiner Seminarraum entstanden, in dem Schulklassen, Hausfrauen, Fachleute und alle, die es interessiert, an Vorträgen und Seminaren teilnehmen können – und irgendwann vielleicht sogar an Kochkursen.

»RISOTTO« MIT BERG-KÄSE UND RAUKE

Für 4 Personen
Zubereitungszeit: ca. 40 Minuten

FÜR DAS »RISOTTO« MIT BERGKÄSE UND RAUKE

1 Zwiebel
2 Zehen Knoblauch
30 ml Olivenöl
200 g Bayerischer Reis (Perl-Emmer, -Einkorn oder -Dinkel)
50 ml trockener Weißwein (alternativ 50 ml Gemüsebrühe)
ca. 900 ml Gemüsebrühe
2 EL Sonnenblumenkerne
1 Handvoll Rucola
100 g Bergkäse
2 EL flüssige Sahne
Salz
frisch gemahlener schwarzer Pfeffer

»RISOTTO« MIT BERGKÄSE UND RAUKE:
Die Zwiebel und den Knoblauch abziehen und fein hacken. Das Öl in einem Topf erhitzen und den bayerischen Reis unter Rühren anschwitzen, bis alle Körner vom Öl ummantelt sind. Dann die Zwiebel und den Knoblauch dazugeben und kurz mitanschwitzen. Mit dem Wein und einem Teil der heißen Gemüsebrühe ablöschen und offen ziehen lassen. Die Flüssigkeit unter Rühren einköcheln lassen. Immer wieder eine Schöpfkelle heiße Brühe nachgießen, bis die Gemüsebrühe verbraucht bzw. die gewünschte Konsistenz erreicht ist. Die Sonnenblumenkerne in einer beschichteten Pfanne ohne Fettzugabe rösten und beiseitestellen. Den Rucola putzen, waschen, trocken schütteln und gegebenenfalls klein schneiden. Den Käse reiben und zusammen mit der Sahne und der Hälfte des Rucola und der Sonnenblumenkerne unter das Risotto mischen. Mit Salz und Pfeffer abschmecken.

ANRICHTEN:
Das Risotto auf die Teller verteilen und mit den restlichen Sonnenblumenkernen und dem restlichen Rucola garnieren.

URGETREIDESALAT

Für vier Personen
Zubereitungszeit: ca. 35 Minuten

FÜR DEN URGETREIDESALAT
250 g Urgetreide-Mix oder anderes Perlgetreide
500 ml Gemüsebrühe
1 EL Butter
Salz
1 Zehe Knoblauch
2 Karotten
½ rote Paprikaschote
½ gelbe Paprikaschote
½ Salatgurke
3 EL Leindotteröl
2 EL Balsamico-Essig
frisch gemahlener schwarzer Pfeffer

ZUM ANRICHTEN
geröstete Sonnenblumenkerne oder Leinsamen

URGETREIDESALAT:
Das Getreide und die Gemüsebrühe zusammen in einem Topf aufkochen und abgedeckt bei geringer Hitze 20 Minuten köcheln lassen. Die Butter untermischen, mit Salz abschmecken und weitere 5 Minuten ziehen lassen. Das Getreide in eine Schüssel füllen und abkühlen lassen.
Den Knoblauch abziehen und fein hacken. Die Karotte schälen und fein reiben. Die Paprikaschoten und die Salatgurke waschen, entkernen und fein würfeln. Alle unter das Getreide mischen. Das Leinöl, den Essig und etwas Salz und Pfeffer zu einem Dressing verrühren und den Salat damit marinieren.

ANRICHTEN:
Den Salat in einer Schale anrichten und mit den Sonnenblumenkernen oder Leinsamen bestreuen.

TIPP:
Das Basis-Rezept für das Perlgetreide kann auch als Beilage zu Fleisch oder Gemüse serviert werden.

GARTEN- UND TOMATEN-BÄUERIN MARIANNE ERTL

Wer hat nicht schon bewundernd über so manchen Zaun geschaut und die Pracht der bayerischen Bauerngärten bestaunt? Nicht nur die geranienumrankten Balkone und Fenster, sondern auch die blühenden Gärten sind der Stolz der Bäuerinnen. In den Sommermonaten wuchern hier üppig Blumen und Nutzpflanzen durcheinander. Die Bauerngärten sind Kunst und Wissenschaft zugleich, und es bedarf viel Aufwand, um sie zu gestalten und zu erhalten. Damit altes Wissen nicht verloren geht, aber auch um es zu teilen und weiterzugeben, hat man die »Gartenbäuerinnen« ins Leben gerufen, eine Weiterbildungsinitiative für alle Bäuerinnen, die sich in dieser Richtung engagieren. So wie die ebenfalls von den Landwirtschaftsämtern ins Leben gerufene Ausbildung zur Kräuterpädagogin, eröffnet auch dieser Verein viele Möglichkeiten, sich zu verwirklichen und etwas dazuzuverdienen.

Im Chiemgau gibt es eine ganze Reihe von engagierten Gartenbäuerinnen. Eine davon, die wir besucht haben, ist Marianne Ertl. Ihre Leidenschaft gilt den Tomaten. Über 30 Sorten kultiviert sie rund um Haus und Stall. Besonders alte Sorten wie die »Lukullus« mit ihrer feinen, zarten Haut oder die »Kremser Perle«, eine Buschtomate, haben es ihr angetan. Ihre Tomaten haben so klingende Namen wie »Berner Rose«, »Brandywine«, »Ponderosa«, »Humboldt« oder »Costoluto Genovese«. Ganz besonders liebt sie ihre »Zahnradtomaten«, die aufgeschnitten wie eine Blüte auf dem Teller liegen und sich hervorragend für Tomate mit Mozzarella eignen. Die Samen dafür gewinnt sie immer wieder aus den eigenen Früchten, aber sie tauscht auch mit anderen Tomatenliebhaberinnen und bestellt, neugierig auf neue Sorten, auch immer wieder bei Raritätengärtnereien ausgefallene Samen. Aber bei dreißig Sorten, sagt sie, ist einfach mal Schluss, mehr geht nicht. Besonders gut wachsen die »Paradeiser«, wie sie im nahen Österreich genannt werden, in ihrem kleinen Gewächshaus. Gelbe, rote, fast schwarze, große, kleine Tomaten wuchern hier durcheinander und fühlen sich sichtlich wohl.

Kein Wunder, denn Marianne Ertl zieht ihre Sprösslinge nicht nur selbst auf, sie bereitet ihnen im Frühjahr »warme Füße« mit dem Mist aus dem eigenen Kuhstall, gießt sie mit Brennnesseljauche und schützt sie an der Hauswand oder im Glashaus vor der Kälte. Dass sie ihre Liebe zu den Nachtschattengewächsen gefunden hat, liegt an der ausgiebigen Beschäftigung damit für ihre Abschlussarbeit als Gartenbäuerin. Außerdem liebt sie die vielfältigen Zubereitungsmöglichkeiten. Als gelernte Hauswirtschafterin kennt sie sich aus mit dem Einkochen und Konservieren, und so kocht sie aus den Tomaten Pizzasauce und Ketchup, trocknet sie und legt sie ein. Aber vor allem bringt sie mit ihren Tomaten eine große Farben- und Geschmacksvielfalt auf den Teller und ein bisschen mediterranes Flair in den bayerischen Weiler Kugelthal, in dem ihr Hof steht.

Wer einmal den Geschmack von frischen, in Erde und unter der Sonne, nicht auf Substrat, gewachsenen Tomaten kennen- und schätzen gelernt hat, der verzichtet gern auf das, was landläufig in den Supermärkten angeboten wird.

Ihr Wissen gibt Marianne Ertl auch gerne weiter. In Zeiten, in denen die Corona-Maßnahmen es zulassen, macht sie Hofführungen, hält Vorträge und verköstigt ihre Gäste mit selbst gemachten Tomatenspezialitäten, mit verschiedenen Aufstrichen oder der köstlichen Tomatenquiche, für die sie uns das Rezept verraten hat.

TIPPS VON DER TOMATENBÄUERIN

Die kleinen Pflänzchen bei der Aufzucht an einen hellen, warmen Ort stellen.

Wer seine Pflanzen in der Gärtnerei kauft, sollte darauf achten, dass er keine Hybridpflanzen bekommt, denn diese sind nicht vermehrbar.

Wohl dem, der ein Mistbeet hat. Aber auch darin die zarten Sprösslinge unbedingt vor Nachtfrost schützen.

Beim Pflanzen darauf achten, dass die Setzlinge tief in die Erde kommen.

An jede Pflanze Mist bzw. einen anderen biologischen Dünger geben.

Später im Abstand von 2 Wochen mit Brennnesseljauche (24 Stunden eingeweicht und 10 zu 100 verdünnt) gießen.

Dafür sorgen, dass die unteren Blätter nicht nass werden, um Blattfäule zu verhindern.

MEDITERRANE GRILLBUTTER

Für ca. 150 g Grillbutter
Zubereitungszeit: ca. 15 Minuten

FÜR DIE GRILLBUTTER

1 Zehe Knoblauch
1 kleiner Zweig Rosmarin
1 kleiner Zweig Thymian
8 schwarze Oliven ohne Stein
3 getrocknete Tomaten (in Öl eingelegt)
125 g weiche Butter
Salz
frisch gemahlener schwarzer Pfeffer

GRILLBUTTER:

Den Knoblauch abziehen. Die Kräuter waschen gut trocken schütteln und die Nadeln bzw. Blättchen abzupfen. Die Oliven und die Tomaten gut abtropfen lassen. Den Knoblauch, die abgezupften Kräuter, die Oliven und die Tomaten fein hacken. Alles gut mit der Butter verrühren und mit Salz und Pfeffer abschmecken. Die mediterrane Butter in eine dekorative Schale abfüllen und bis zur Verwendung im Kühlschrank aufbewahren.

TOMATEN-EIER-KUCHEN

Für eine Springform (Durchmesser 26 cm)
Zubereitungszeit: ca. 90 Minuten (davon 55 Minuten Backzeit)

FÜR DEN TOMATEN-EIER-KUCHEN

250 g Mehl Type 405 plus etwas mehr für die Arbeitsfläche
7 Eier
Salz
125 g Butter
1 kg Tomaten
100 g Emmentaler Käse
250 ml flüssige Sahne
1 EL fein gehacktes Basilikum
frisch gemahlener schwarzer Pfeffer

ZUM ANRICHTEN

Blattsalat (optional)

TOMATEN-EIER-KUCHEN:

Das Mehl in eine Rührschüssel sieben und in der Mitte eine Mulde formen. 1 Ei in diese Mulde aufschlagen und 1 Prise Salz dazugeben. Die Butter in Flocken zerteilen und auf dem Mehl verteilen. Das Ganze zu einem homogenen Teig kneten. Den Teig zu einer Kugel formen und mit Frischhaltefolie umwickelt 60 Minuten im Kühlschrank ruhen lassen. In einem großen Topf Salzwasser zum Kochen bringen. Die Tomaten auf der Blütenseite kreuzweise einritzen und kurz in das Wasser tauchen. Mit einem Schaumlöffel herausheben und sofort kalt abschrecken. Anschließend die Haut abziehen und die Tomaten vierteln. Die Kerne entfernen und das Fruchtfleisch grob würfeln. Dann die Tomatenwürfel in einem Sieb gut abtropfen lassen. Den Käse fein reiben. Die restlichen Eier (6) mit der Sahne verquirlen und die Tomatenwürfel, den Käse und das Basilikum untermischen.
Den Teig aus der Folie wickeln und auf der leicht bemehlten Arbeitsfläche kreisrund dünn ausrollen (Durchmesser ca. 34 cm). Die Teigplatte so in die Springform einpassen, dass ein ca. 4 cm hoher Rand stehen bleibt. Die Teigplatte dann mit den Zinken einer Gabel mehrmals einstechen. Ein Blatt Backpapier einpassen und rohe, getrocknete Hülsenfrüchte einfüllen und den Teigboden im auf 200 °C vorgeheizten Backofen (Ober-/Unterhitze) 10 Minuten auf der mittleren Schiene blind backen. Den Teigboden herausnehmen und die Hülsenfrüchte und das Backpapier entfernen. Dann die Tomaten-Eier-Sahne einfüllen und den Tomaten-Eier-Kuchen erneut in den Backofen schieben und 45 Minuten backen. Den Tomaten-Eier-Kuchen vor dem Servieren kurz ruhen lassen und in 8 Stücke teilen.

ANRICHTEN:

Die Stücke auf die Teller verteilen und den Salat nach Wunsch dazu servieren.

WANDERN MIT ZIEGEN – ZIEGENBÄUERIN MARIA FRISCH

Der Hof liegt inmitten grüner Wiesen, und wenn die Ziegen von Maria Frisch die Köpfe heben, sehen sie am Horizont die Berge. Der Weiler Weibhausen versteckt sich ganz im Südosten des Chiemgaus und gehört zur Gemeinde Wonneberg, die aus sage und schreibe fünfzig Gemeindeteilen besteht. Das Kuriose daran ist, dass es einen Ortsteil Wonneberg gar nicht gibt (genauso wie man in der Gemeinde Samerberg den Ortsteil Samerberg vergeblich sucht). Wer hier herfinden will, sollte also ein gutes Navi haben.

Ziegen sind kluge Tiere, das weiß man schon aus dem Märchen »Der Wolf und die sieben Geißlein«. Wie klug sie wirklich sind, das wurde Ziegenbäuerin Maria Frisch so richtig bewusst, als sie beobachtete, wie sich ihre Ziegen und Zicklein Kindern gegenüber verhielten. Da kam der passionierten Landwirtin die Idee, beide öfter zusammenzubringen, um Kindern, die keinen Umgang mit Tieren haben, diese Begegnung zu ermöglichen. »Am Anfang sind die Kinder ängstlich und zögerlich«, erzählt die Bäuerin, aber nach einem Spaziergang, wenn sie eine Ziege an der Leine führen durften, verlieren sie ihre Scheu und kehren »stolz wie Oskar« zurück. Und die Ziegen, lacht die Bäuerin, lernen von den Kindern. Sie hat ihre Geißen dabei beobachtet, wie sie geübt haben, über den Zaun zu springen, so wie es ihnen die Kinder vorgemacht haben. Am Anfang kamen Schulklassen, seit einigen Jahren bietet Maria Frisch diese Spaziergänge auch für Familien mit Kindern an. Einheimische sind genauso begeistert davon wie Urlauber. Selbstverständlich gibt es nach der Wanderung eine ordentliche Brotzeit mit ihren selbst gemachten Ziegenspezialitäten.

Dabei darf der beliebte »Brotkäse«, ein Bauernbrot mit Weichkäse im Ofen überbacken nicht fehlen. Aber auch der etwas deftigere Ziegenhartkäse und die Frischkäse im Glas mit verschiedenen Geschmacksrichtungen kommen gut an. Im Frühjahr wird der Frischkäse mit Bärlauch und anderen Frühlingskräutern verfeinert, aber auch mit Aprikosensauce oder eingelegtem Ingwer und Leinöl schmeckt er hervorragend.

Diese Rezepte entwickelt und verändert Maria Frisch immer wieder, je nach Jahreszeit und Gusto. Früher ist sie noch selbst auf die Wochenmärkte der Umgebung gefahren, heute nimmt eine Kollegin ihre Käsespezialitäten mit. Aber auch vor Ort kommt man in den Genuss ihrer feinen Käse. Auf der Wiese vor dem Hof steht eine kleine Hütte, eine Art Käse-Selbstbedienungsladen. Der Preis steht auf der Packung und das Geld wirft man – selbstverständlich auf Vertrauensbasis – in die danebenstehende Kasse. Auch Getränke stellt Maria Frisch in die Hütte, und bei schönem Wetter sogar manchmal Kaffee und Kuchen. Denn an ihrem Hof führt der beliebte, 248 Kilometer lange Benedikt-Radweg vorbei. Radlerinnen und Radler, die hier vorbeistrampeln sind überrascht und erfreut zugleich über das unerwartete Verpflegungsangebot und legen gerne mal eine Pause ein, um dann gestärkt den Spuren von Papst Benedikt weiter durch den Chiemgau zu folgen

ZIEGENFLEISCH

In Deutschland wird zwar Ziegenkäse immer beliebter, aber das Fleisch der Tiere wird nur selten verzehrt. Schade, denn es ist ein mageres, gesundes Fleisch, das Lammfleisch in nichts nachsteht. Viele Zicklein, vor allem männliche, aber auch immer wieder weibliche, müssen geschlachtet werden, und es finden sich zu wenig Abnehmer*innen. In größeren Zuchtbetrieben bleibt oft nichts anderes übrig, als das Fleisch zu Hundefutter zu verarbeiten. Dafür ist es viel zu schade. Wie die Lämmer kommen die Zicklein im Frühjahr zur Welt und sind nach drei bis vier Monaten, auch meistens um Ostern herum schlachtreif. Mit Gemüse im Ofen geschmort, sind sie eine hervorragende Alternative zum Osterlamm. Ältere Tiere kann man sehr gut schmoren oder zu Ragouts oder Currys verarbeiten. Der typische Ziegengeschmack, bei dem viele die Nase rümpfen, ist bei kleinen Tieren noch kaum ausgeprägt, und ihr Fleisch ist zart und mager und eignet sich sogar bestens zum Kurzbraten.

HACKBÄLLCHEN AUS ZIEGENFLEISCH MIT GRÜNEN BOHNEN

Für 4 Personen
Zubereitungszeit: ca. 45 Minuten plus Kühlzeit

FÜR DIE HACKBÄLLCHEN

- 1 mittelgroße Zwiebel
- 1–2 Zehen Knoblauch
- 600 g Hackfleisch von der Ziege (alternativ Lamm, evtl. mit Rind gemischt)
- 100 g Semmelbrösel
- 1 EL fein gehackte glatte Petersilie
- 1 EL fein gehackter Thymian
- 1 EL fein gehackter Oregano
- 1 TL Ras el Hanut (nordafrikanische Gewürzmischung)
- ½ TL Kreuzkümmel
- 1 Ei
- Salz
- frisch gemahlener schwarzer Pfeffer
- 1 EL neutrales Pflanzenöl

FÜR DIE BOHNEN

- 400 g grüne Bohnen
- 3 Zehen Knoblauch
- 8 Frühlingszwiebeln
- 4 EL Olivenöl
- 4 Zweige Thymian
- 300 ml Gemüsebrühe
- Salz
- frisch gemahlener schwarzer Pfeffer
- 2 ½ EL Zitronensaft

ZUM ANRICHTEN

- gehackte Kräuter

HACKBÄLLCHEN:
Die Zwiebel und den Knoblauch abziehen und fein hacken. Das Hackfleisch mit den Zwiebeln, dem Knoblauch, den Semmelbröseln, den Kräutern, den Gewürzen, dem Ei, ¼ TL Salz und reichlich Pfeffer in einer Schüssel gut vermischen. Aus dem Fleischteig etwa golfballgroße Kugeln formen. Das Öl in einer Pfanne erhitzen und die Fleischbällchen etwa 5 Minuten rundherum anbraten. Dann die Fleischbällchen aus der Pfanne nehmen und warmstellen.

BOHNEN:
Die Bohnen waschen und putzen. Den Knoblauch abziehen und in feine Scheiben schneiden. Die Frühlingszwiebeln putzen und schräg in 2 cm lange Stücke schneiden. Das Olivenöl in der Pfanne erhitzen, in der vorher die Fleischbällchen gebraten worden sind. Den Thymian, den Knoblauch und die Frühlingszwiebeln darin 3 Minuten anschwitzen. Die Bohnen zugeben und die Hälfte der Brühe aufgießen. Die Pfanne abdecken und die Bohnen 10 Minuten leicht köcheln lassen. Anschließend die Fleischbällchen und die restliche Brühe zugeben und zugedeckt weitere 15 Minuten köcheln lassen. Mit Salz, Pfeffer und dem Zitronensaft würzen.

ANRICHTEN:
Die Hackbällchen mit grünen Bohnen auf die Teller verteilen und mit den Kräutern bestreuen.

WOHNEN IM DENKMAL – »ALTE GENDARMERIE« UND »ALBERERHOF«

Die beiden historischen Gebäude liegen am Ortsrand von Übersee, einer Gemeinde, die durch die Autobahn vom Chiemsee abgeschnitten ist, aber schnell ist man darunter durchgeradelt und befindet sich an den längsten und schönsten Stränden des Sees. Die Ferienwohnungen von Angela Schelling sind von biozertifizierten Streuobstwiesen umgeben und liegen praktisch mitten auf der grünen Wiese.

Es ist die Liebe zu alten Häusern und die Lust am Gestalten, die das Arztehepaar Marcus und Angela Schelling aus München zunächst dazu gebracht hat, das alte »Hebammenhaus« des Ortes als Feriendomizil zu kaufen und zu restaurieren. Dann drohte der Abriss des gegenüberliegenden »Gendarmeriehauses«, in dem viele Jahre die Dorfpolizisten nicht nur Trunkenbolde und Diebe in die Zelle sperrten, sondern auch wohnten. Um es zu retten, kauften die beiden das um 1890 errichtete Gebäude, und nach und nach entstand die Idee Ferienwohnungen daraus zu machen. So wurde aus der ehemaligen Gefängniszelle eine Nasszelle. Die Wohnungen heißen »Kneissl«, »Rote Res«, »Jennerwein« oder »Bergfex«, und man ist unschlüssig, in welche man lieber einziehen würde, am liebsten für immer. Die großzügigen Wohnungen sind allesamt stilvoll, individuell und hochwertig ausgestattet. Dazu muss man wissen, dass Angela Schelling zwar Medizinerin ist und, wie sie sagt, diesen Beruf auch gerne ausgeübt hat, aber auch einfach ein Faible und ein Händchen dafür hat, schöne Dinge zu entdecken, Altes und Neues geschmackvoll zu kombinieren und schon früh einen entsprechenden Internethandel betrieb. Sie stöbert auf Flohmärkten und bei Antiquitätenhändlern, kennt Künstler und die besten Raumausstatter, und wenn ihr etwas gefällt, ein altes Bett, ein venezianischer Kronleuchter oder ein zeitgenössisches Gemälde, dann kauft sie es und denkt, »ach, es findet bestimmt einen Platz«. So, sagt sie, waren die Ferienwohnungen in der »Alten Gendarmerie« schnell eingerichtet. Von der voll ausgestatteten Küche mit guten Messern, Kaffeevollautomaten und edlem Geschirr über den gemütlichen Essplatz bis hin zu den Originalgemälden an der Wand, fehlt es an nichts. Hier macht es bestimmt auch in den Ferien großen Spaß zu kochen. Das gilt ganz besonders für das zuletzt hinzugekommene Prunkstück, die Wohnung im denkmalgeschützten »Albererhof«. Auch diesen alten Bauernhof von 1767 haben die beiden gerettet und sensibel restauriert. Durch die alte Tür betritt man den typischen »Flez«, den breiten Hausgang, von dem die Küche und die Stube mit Bank und Kachelofen abgehen. Irgendwie liegt immer noch der leichte Duft eines alten Bauernhauses in der Luft, auch wenn das Gebäude mit Fußboden- und Wandheizung und mit allem Komfort ausgestattet ist. Vielleicht liegt es an dem Zirbenholzbett, welches extra für den großen Schlafraum im ersten Stock angefertigt wurde. Die Sitzbänke und Rosenstöcke neben der alten Eingangstür, ein kleiner Bauerngarten und ein Birnenspalier an der Hauswand machen das Idyll perfekt.

Ein wenig ist die Ärztin in dieser Umgebung auch zur Bäuerin geworden. Sie kümmert sich um den Garten und sammelt das Obst von den biozertifizierten Streuobstwiesen. Besonders ertragreich ist der alte Rheinische Bohnapfelbaum, zusammen mit anderen alten Apfel- und Birnensorten werden die Früchte in die Mosterei gebracht. Gäste kommen so in den Genuss des hausgemachten Apfelsaftes. In dem historischen Gewölbe des alten Bauernhofes macht Marcus Schelling nicht nur Apfelessig, sondern auch Cider und Apfel-Quitten-Secco. Im Frühling sind die alten Obstbäume Nahrung für die Bienenvölker von Angela Schelling, die seit einigen Jahren auch imkert. Den Honig, Bioweine, Kaffee und was den Hausgästen sonst noch gefallen könnte, gibt es in ihrem kleinen Hausladen zu kaufen. Die selbst getrockneten Früchte kommen allerdings nur in ihr Früchtebrot, für das sie uns ihr Rezept verraten hat.

FILZ UND MOOS

Übersee liegt inmitten eines Moorgebietes, wie sie sich an der nördlichen Alpenkette seit der letzten Eiszeit in ganz unterschiedlicher Prägung entwickelt haben. Wer auf der Autobahn A8 Richtung Süden fährt, wird an der Seite die Schilder sehen, die immer wieder auf Filze und Moose hinweisen. In Bayern unterscheidet man nämlich von alters her Moore in diese beiden Typen. Als Moose werden Moorflächen mit niedrigem Bewuchs, zum Beispiel mit Heidekraut bezeichnet. Filze hingegen sind etwas höher bewachsen, etwa mit Latschen, Krüppelkiefern und degenerierten Baumstämmen, mit einem eher undurchdringlichen Dickicht, einem Filz. Im Dreieck Bernau-Grassau-Übersee gab es noch im 19. Jahrhundert eine weitgehend ursprüngliche Moorlandschaft, die dann in späteren Jahren industriell genutzt wurde, was im sehenswerten Museum Torfbahnhof (www.museum-torfbahnhof.de) anschaulich dargestellt ist.

FRÜCHTEBROT

Für 1 Kastenform
Zubereitungszeit: ca. 120 Minuten

FÜR DAS FRÜCHTEBROT

125 g getrocknete Feigen
100 g getrocknete Birnen
100 g getrocknete Pflaumen (alternativ Aprikosen, Kirschen ...)
125 g Dinkelmehl
½ Pck. Backpulver
3 Eier
100 g flüssiger Honig
100 g Mandelkerne
125 g Haselnusskerne
125 g Zitronat
125 g Orangeat
125 g Rosinen
1 Prise gemahlener Zimt

FRÜCHTEBROT:
Die Trockenfrüchte klein schneiden. Das Mehl zusammen mit dem Backpulver in eine Schale schieben. Die Eier in eine Rührschüssel aufschlagen und unter Rühren den Honig langsam einfließen lassen. Dann die Mehlmischung unterrühren. Alle restlichen Zutaten unter den Teig mischen. Eine Kastenform mit Backpapier auskleiden und den Teig einfüllen. Den Teig gut glattstreichen und etwas andrücken, um gegebenenfalls vorhandene Luftblasen herauszudrücken. Das Früchtebrot im auf 190 °C vorgeheizten Backofen (Ober-/Unterhitze) etwa 90 Minuten backen. Nach etwa 60 Minuten den Bräunungsgrad kontrollieren und gegebenenfalls ein Stück Backpergament auf die Oberfläche legen, um eine zu starke Bräunung zu vermeiden. Nach Ende der Backzeit eine Garprobe mit einem Holzstäbchen durchführen.

TIPP:
Wenn die Trockenfrüchte sehr trocken sind, können sie vorher in etwas Apfelsaft eingeweicht werden.

AUF DER ALM

»Auf der Alm, da gibt's koa Sünd'«, aber Kaiserschmarrn, Almkäse und ein paar deftige Kaspressknödel, die kriegt man fast auf jeder Alm. Was wäre auch eine Bergtour ohne Almen und ohne Almhütte, in die man einkehren kann?

Mal ehrlich, Bergtouren gehen und Bergwandern wäre doch nur halb so schön ohne diese Ziele mit blühenden Freiflächen und spektakulären Aussichtspunkten. Wenn es keine Almen gäbe, würde man sich vielleicht gar nicht erst an den beschwerlichen Aufstieg machen, denn dann müsste man sich ja vielleicht durch den nicht gerodeten Bergwald kämpfen. Es ist nämlich der jahrhundertelangen Arbeit der Bergbauern zu verdanken, dass es diese Freiflächen überhaupt gibt. Allerdings waren die Almen ursprünglich nicht als Freizeiteinrichtungen gedacht, sondern für die Bauern zur Futtergewinnung eine Notwendigkeit. Nicht nur im Chiemgau, in allen Bergregionen der Welt schickte man das Vieh den Sommer über auf die Berge, um im Tal genügend Futter für den Winter einfahren zu können.

Die Almwirtschaft wird erstmals im 8. Jahrhundert erwähnt. Seither rodeten die Bauern den Bergwald, um neue Weideflächen zu gewinnen, die sogenannten Hochweiden, auf Latein auch »alpis« genannt, woraus sich die Bezeichnung »Alm« ableitet. Die jahrhundertelange Bewirtschaftung der Almen prägt auch im Chiemgau das Landschaftsbild. Sie sind wichtige Natur- und Kulturräume. Seltene Tiere, Pflanzen und Heilkräuterarten sind hier noch anzutreffen, und das Vieh kommt im Herbst gestärkt von der »Sommerfrische« ins Tal zurück. Im Chiemgau bieten achtzig bewirtschaftete Almen Wanderern, Bikern, Tourengehern und Ausflugstouristen Rast und Stärkung, und diejenigen, die sie bewirtschaften, tragen damit ganz entscheidend zum Erhalt dieser einmaligen Kulturlandschaft bei.

Einfache Kost ist typisch für die Almhütten. Je abgelegener, um so beschwerlicher ist es ja auch, die Lebensmittel für die Gäste zu beschaffen. Trotzdem bemühen sich viele Hüttenwirtinnen und -wirte und legen auch immer mehr Wert auf Nachhaltigkeit und Regionalität.

HÜTTENVERORDNUNG

Wie komfortabel so eine Almhütte sein darf, was dort serviert wird und welche Regeln gelten, darüber wird seit Beginn der Bergsteigerbewegung und des Deutschen Alpenvereins trefflich gestritten. Denn die Kontroverse »echte Bergsteiger« gegen Touristen gibt es unverändert. Die einen wollen die Berge für sich erobern und schauen auf das »nachtrampelnde Touristenvolk« herab, die anderen sagen, gleiches Recht für alle. Auf vielen Hütten wird heute noch das »einfache Leben« praktiziert, mit Matratzenlager und eher spartanischer Kost. Andere bieten Duschen, kulinarische Menüs und Handyempfang. Was ein Bergsteigeressen ist, das wurde allerdings schon 1923 und später noch expliziter 1934 in den »Tölzer Richtlinien« festgelegt. Laut dieser Verordnung hatten Hüttenwirte den ganzen Tag über Kaffee, Teewasser, Erbswurst oder gleichwertige Suppen anzubieten, ab zwölf Uhr mittags ein warmes Tellergericht mit mindestens fünfhundert Gramm und ein zweites Eintopfgericht von sechshundert Gramm. Auch heute noch muss es auf Hütten ein extra ausgewiesenes »Bergsteigeressen« geben, das nicht mehr als neun Euro kosten darf und ein alkoholfreies Getränk, das vierzig Prozent billiger ist als Bier.

URIGE EINKEHR – DIE RACHLALM

Der Tennbodenbach plätschert über die Stufen neben dem schattigen Weg, der hinauf zur Rachlalm führt. Ungefähr eine Stunde dauert der Aufstieg vom Parkplatz der Hochplattenbahn aus, und man kommt schon ein wenig ins Schnaufen an manchen Stellen, wenn die Steigung zunimmt. Aber dafür wird man immer wieder mit schönen Ausblicken belohnt, und wenn die Alm erst erreicht ist, bietet sich ein toller Blick hinunter auf das Achental und auf den Hochgern. An heißen Sommertagen, wenn schon morgens ein leichter Dunst über dem Tal liegt, ist es hier oben, auf 920 Metern angenehm frisch, die Luft ist rein und klar, und manchem Wanderer schmeckt das erste Weißbier. Dazu serviert Hüttenwirt Franz Adersberger ein deftiges Brotzeitbrettl mit Schinken und selbst eingelegtem Käse. Auf der Alm herrscht Selbstbedienung, allerdings nicht, was das Personal betrifft. Am »Abholfensterl« hängt eine kleine Tafel, »Das Personal bitte nicht küssen« steht drauf. Augenzwinkernd und immer locker geht's zu auf der Alm. Der junge Hüttenwirt bäckt Brot und Kuchen, wie er es von der Mama gelernt hat, mixt Schorlen und ist auch sonst rührig und organisiert die ein oder andere Feier. Beim Franz auf der Alm treffen sich Einheimische und Touristen, zu Kaffee und Kuchen oder auf ein Feierabendbier. Mittwochs kommen die Sportlichen zum Radlerstammtisch, und zur Sonnwendfeier mit großem Feuer und Musik ist auf der Rachlalm richtig was los. Von Mai bis Kirchweih, also bis zum dritten Sonntag im Oktober, bleibt der Franz mit seinen Helfer*innen und dem Jungvieh vom Großrachlhof hier oben. Das Vieh in der Sommerfrische, das Hüttenpersonal, um sich darum zu kümmern und die Gäste zu bewirten. Im Herbst geht es dann wieder ins Tal hinunter, die Kühe ziehen ins Winterquartier in den warmen Stall, und Franz Adersberger arbeitet dann wieder in der Landwirtschaft und freut sich schon auf den nächsten Almsommer.

Das Almpersonal
bitte nicht küssen!!

KÄSEKUCHEN MIT HEIDELBEEREN

Für 1 Springform (Durchmesser 28 cm)
Zubereitungszeit: ca. 80 Minuten

FÜR DEN KÄSEKUCHEN MIT HEIDELBEEREN

200 g Mehl Type 405
1 TL Backpulver
120 g kalte Butter plus etwas mehr für die Form
220 g Zucker
3 Eier
1 Prise Salz
150 g Heidelbeeren
1 TL Vanillezucker
1 TL Orangenzucker
750 g Topfen (Magerstufe)
120 ml Vollmilch
60 ml neutrales Pflanzenöl
30 g Stärkemehl

ZUM ANRICHTEN

Puderzucker

KÄSEKUCHEN MIT HEIDELBEEREN:

Das Mehl und das Backpulver mischen und in eine Schale sieben. Die Butter in Würfel schneiden und mit der Mehlmischung, 120 g Zucker, 1 Ei und dem Salz zu einem glatten Teig kneten. Den Teig zwischen 2 Lagen Frischhaltefolie dünn ausrollen und den Boden der Springform damit auskleiden. Den Rand der Form mit Butter bestreichen.

Die Heidelbeeren waschen und trocken tupfen. Den restlichen Zucker (100 g) und die restlichen Eier (2) mit dem Vanillezucker und dem Orangenzucker schaumig rühren. Dann den Topfen, die Milch, das Öl und das Stärkemehl zu einer glatten Masse untermischen. Die Quarkcreme in die Springform gießen und die Heidelbeeren darauf verteilen. Den Kuchen im auf 160–180 °C vorgeheizten Backöfen (Ober-/Unterhitze) 45–60 Minuten backen.

ANRICHTEN:

Den Puderzucker über den Kuchen sieben.

SCARLET VON DER ALM – DIE »DANDLALM«

Auf 880 Metern liegt die Terrasse der »Dandlalm«, aber wer hier sitzt, schaut nicht, wie man es von Almen vielleicht gewohnt ist, ins Tal hinunter, sondern auf ein Hochplateau mit Wiesen und Latschenkiefern. Denn die »Dandlalm« gehört zu den sogenannten Niederlegeralmen, zu der weitläufigen »Röthelmoosalm«. »Moos«, der Name steht im Bayerischen für ein Hochmoor und tatsächlich sind die Wiesen rund um die »Dandlalm« ein Naturschutzgebiet mit seltener Flora und Fauna.

Vom Wanderparkplatz in Urschlau führt ein gut ausgebauter Forstweg zunächst zum Bergwalderlebniszentrum, gleich danach lohnt sich ein Blick in die Tiefen der Röthelmoos-Schlucht, und dann geht es weiter hinauf, immer entlang der Urschlauer Ache. Dieser Weg ist die bequemste der drei Aufstiegsmöglichkeiten zur Alm, und entsprechend beliebt ist er auch bei Radlern und Älteren, und selbst Familien mit Kinderwagen schaffen die etwa einstündige Wanderung leicht.

Durstige Wanderer und Radler müssen bei ihrer Ankunft nicht lange auf den Getränkeservice warten, sie nehmen sich ein Bier oder eine Limo aus der »Naturkühlung« vor der Hütte, einem ausgehöhlten Baumstamm, der ständig mit frischem Quellwasser geflutet wird.

An schönen Tagen geraten Scarlet Haßlberger und ihr Team schon mal ins Schwitzen, wenn sie bis zu fünfzig Portionen Kaiserschmarrn auf dem Holzofen in der Hütte zubereiten. »Jede Portion wird extra gemacht«, sagt die Hüttenwirtin mit dem glamourösen Namen, »ganz zu schweigen von den unzähligen Portionen Kaspressknödl und Brotzeitbrettln, die dann weggehen.« Wenn der süße Duft in der Luft liegt, warten auch die Hungrigen gerne auf das gefüllte Eisenpfandl und genießen derweil die Sonne und den Blick auf den imposanten Gurnwandkopf. Spätestens wenn sie sich auf das Glockengebimmel der ringsum weidenden Kühe einlassen, fällt jeder Stress ab. »Es ist einfach a scheenes Platzerl«, sagt Scarlet, die diesen Vornamen tatsächlich von ihrer Mutter bekommen hat, einer großen Verehrerin von Scarlett O'Hara aus dem Film »Vom Winde verweht«. Wenn sie einmal ein Maderl bekommen würde, hat sich die Mutter vorgenommen, sollte sie so heißen, und tatsächlich hat sie sich gegen den Widerstand der gesamten Verwandtschaft und des Pfarrers durchgesetzt. »Er ist bis heute ein Alleinstellungsmerkmal«, lacht Scarlet ganz ohne Starallüren. Viele Jahre hat sie jeden Sommer mit ihren Kindern auf der Alm verbracht und mit der Bewirtung auf der Hütte begonnen. Heute sorgt die ehemalige Hauswirtschaftslehrerin für den Nachschub der Lebensmittel und hilft zu Stoßzeiten in der Küche. Die zweihundert Jahre alte Almhütte ist gerade frisch renoviert und erstrahlt in neuem Glanz. Unter dem ausladenden Vordach sitzen die Gäste auch bei Regen geschützt, aber die Dandlalm ist vorwiegend eine »Schönwetterhütte«. Wenn es regnet und sich die Wolken über das Hochmoor legen, hält sich die Besucherzahl in Grenzen, dann können die beiden »Sennerinnen«, die den ganzen Sommer hier verbringen, durchschnaufen. Es sind immer zwei Frauen, die sich um das Jungvieh auf der Weide und die Hütte kümmern, Aussteigerinnen auf Zeit, die sich einen Sommer Abstand von der Zivilisation gönnen. Denn auf der Alm »gibt's koa Sünd`«, aber auch kein Handy und keinen Fernsehempfang. Hier sind sie nur von Natur umgeben. Die Sennerinnen genießen vor allem die Stunden, bevor der Betrieb losgeht und nachdem die letzten Wanderer und Radler weg sind. Wenn sich morgens die Nebel über dem Moor lichten und der Adler seine Kreise zieht, oder wenn der mächtige Gurnwandkopf und die Spitze des Hörnle im Abendlicht golden strahlen, sind das magische Momente, für die es sich lohnt, auf der Hütte zu arbeiten, schwärmt nicht nur Scarlett Haßlberger.

Ganz so urtümlich, wie es einmal war, ist das Hüttenleben heute nicht mehr. So sind auf der Dandlalm keine Milchkühe mehr zu versorgen, sondern nur noch Jungvieh zu bewachen.

Auf dem gesamten Hochplateau der Röthelmoosalm, auf der es noch acht bewirtschaftete Almen gibt, hält nur noch ein Bauer Milchvieh. Bei der Almwirtschaft

geht es heute hauptsächlich um den Erhalt der Kulturlandschaft und der Artenvielfalt. Wenn sich die Almbauern nicht um die Flächen kümmern, holt sie sich der Wald in kürzester Zeit zurück. Deshalb, sagt Scarlet Haßlberger, treffen sich alle Almbauern ein bis zwei Mal jährlich zum »Schwenden«, wie man das Roden der Almen nennt. Dann müssen Steine weggeräumt und Äste und Bäume entfernt werden, damit die Almen als Lebensraum für die Tiere und als Erholungsmöglichkeit für die Menschen erhalten bleiben.

NICHTS »KAISERLICHES« AM SCHMARRN

Der Kaiserschmarrn, so wird gerne erzählt, sei eine Leibspeise des Kaisers Franz Josef gewesen, und es kursieren zahlreiche Anekdoten darüber. Allerdings gilt als ziemlich sicher, dass es sich einfach um ein Missverständnis handelt. Dass es sich eigentlich um den »Kaser-Schmarrn« handelt, die Urform ohne Rosinen und Puderzucker, die ein Alltagsgericht der Senner auf der Alm war, die im Österreichischen, aber auch in Bayern »Kaser« genannt werden, weil sie den Käse machen.

KAISERSCHMARRN

Auf der Alm wird der Kaiserschmarrn in der Regel nicht mit geschlagenem Eiweiß zubereitet, sondern er geht einfach durch die Qualität der Zutaten und durch das Bedecken mit einem Deckel auf.

Für 2 Personen
Zubereitungszeit: ca. 30 Minuten

FÜR DEN KAISERSCHMARRN

250 ml Vollmilch
120 g Mehl Type 405
1 EL Zucker
1 Prise Salz
20 ml Rum (alternativ 1 TL Vanillezucker)
4 Bio-Eier
Rosinen (optional)
Mandelstifte (optional)
2 EL Butterschmalz

ZUM ANRICHTEN

Puderzucker
Apfel- oder Zwetschgenkompott

KAISERSCHMARRN:

Aus der Milch, dem Mehl, dem Zucker, dem Salz und dem Rum einen glatten Teig rühren. Anschließend die Eier zugeben und nur leicht unterrühren. Die Eier sollten nicht mit einem Handrührgerät untergerührt werden, da der Teig dadurch zu fest und der Kaiserschmarrn dann nicht flaumig wird.
In einer nicht zu kleinen Pfanne 1 EL Butterschmalz erhitzen, den Teig hineingießen, die Hitze reduzieren und den Kaiserschmarrn mit einem Deckel zudecken. Wenn die Unterseite schön hellbraun angebraten ist und der Teig so fest ist, dass man ihn wenden kann, wenden, noch ½ EL Butterschmalz darunter schieben und noch einmal zugedeckt weiter garen.
Dann den Schmarrn mit zwei Kochlöffeln zerreißen, gegebenenfalls noch ½ EL Butterschmalz dazugeben und den Kaiserschmarrn schön knusprig braten.

ANRICHTEN:

Den Kaiserschmarrn auf den Tellern anrichten und mit Puderzucker bestauben. Das Kompott in einer separaten Schale dazuservieren.

TIPP:

Der Kaiserschmarrn kann mit in Rum eingeweichten Rosinen und gerösteten Mandelstiften verfeinert werden.

DIE ETWAS ANDERE ALMKÜCHE – »STUBN« IN DER FRASDORFER HÜTTE

Die Hütte liegt auf 950 Metern Höhe, auf einer typischen Niederalm inmitten eines wunderbaren Wandergebietes und ist vom Wanderparkplatz Lederstube aus in einer Stunde bequem zu erreichen. Was den Wanderer oder Biker hier erwartet, hat allerdings nur noch wenig mit der üblichen Hüttengastronomie zu tun. Der neue Chef, Max Müller, sprudelt nur so von Ideen, die er hier umsetzen will. Herzensküche, Regionalität, Biodiversität, Heimat auf dem Teller, Wertschätzung der Lebensmittel, Arbeiten mit dem Kreislauf der Natur, aber auch etwas von seinem Können zeigen – all das ist dem aus Berlin nach Bayern zurückgekehrten ein Anliegen. Er will zeigen, was er in den Jahren als Sous-Chef im Berliner Kultlokal »Nobelhart & Schmutzig« gelernt hat. Mit seinem Konzept »brutal regional« und dem Einsatz der Mitarbeiter hat es das Sternelokal sogar auf die Liste der hundert Top-Restaurants der Welt geschafft. Der im Berchtesgadener Land geborene und aufgewachsene Max ist begeisterter Anhänger der Idee, die er mit in den Chiemgau gebracht hat. Er war schon in Berlin zuständig für den Kontakt zwischen Restaurant und Produzenten, daher liegt ihm die enge Zusammenarbeit mit Bauern und Erzeugern besonders am Herzen. Sie sollen auf ihre Kosten kommen. Wie er sich das vorstellt? So zum Beispiel: Max öffnet stolz die Tür der Kühlkammer und holt eine vollkommen mit Rindertalg einbalsamierte Rinderhälfte heraus. »Das ist eine alte Kuh vom Hans«, sagt er, »die hatte ein gutes Leben auf der Alm, aber wenn sie die Milchleistung nicht mehr bringt, muss er sie für billiges Geld verscherbeln.« Geschützt vom Talg reift sie jetzt zu einem zarten Braten und Hans, der Pächter der benachbarten Hofalm, ist froh, dass er sein Vieh für einen anständigen Preis an Max verkaufen konnte. So direkt klappt auch schon die Zusammenarbeit mit Sepp, dem Jäger. Der bringt das Wild aus der Jagd

des Freiherrn von Cramer-Klett, dem auch die Frasdorfer Hütte gehört. In dem Eigentümer hat Max Müller einen Verbündeten gefunden, der ihn nach Bayern zurückgeholt hat.

Fleisch steht übrigens keineswegs im Mittelpunkt seiner Küche, im Gegenteil, das Angebot besteht sogar überwiegend aus Gemüse, das die Köche zum Teil in einer Solidarischen Landwirtschaft selbst anbauen oder von der Demeter-Gärtnerei Jolling beziehen. Auf die Zubereitung kommt es an, und die ist mit Sicherheit eine andere als üblich. »Ein Sellerie auf dem großen Outdoorgrill im Ganzen gegart«, das schwebt dem Ex-Berliner Sous-Chef zum Beispiel vor, wenn er sagt, »die Leute sollen rausgehen und sagen, des hätt' ich jetzt ned gedacht, is' aber lässig.« Lässig ist man im Chiemgau sowieso, und eines ist sicher: Für überraschende kulinarische Erlebnisse wird Max Müller mit seiner Crew garantiert sorgen. Denn man spürt so richtig den Spaß und die Lust am Kochen und Experimentieren. Klar, dass auch in der »Stubn«-Küche fermentiert, mariniert, dehydriert und eingelegt wird, was das Zeug hält – das berühmte »Noma« lässt grüßen. Von Knoblauchzehen in Honig über Tannenzapfen in Zucker bis hin zu fermentierten Pilzen und Rotkrautköpfchen oder getrockneter Rote Bete in fermentiertem Brombeersud mit Portwein reichen die Experimente. Eine Wildente darf erst im Wachsmantel Wochen reifen bevor sie über offenem Feuer geräuchert und dann in reichlich Butter zart gebraten wird. Sie merken schon, hier geht es um Kulinarik von allerhöchstem Niveau. Max verspricht aber auch eine einfache »Herzensküche« mit Eintöpfen, Suppen und Brotzeiten, Letztere allerdings mit gutem Käse, guter Butter und guter Wurst und bestimmt auch mit diversen eingelegten oder fermentierten Gaumenkitzeln. Dazu gibt es Bier aus der Schlossbrauerei Maxlrain und eine feine Auswahl an Bioweinen, die wie die Küche die Alpenregionen widerspiegeln soll. Den billigen Schweinsbraten darf man auf der Frasdorfer Hütte jedenfalls nicht erwarten. Alles, was handwerklich hergestellt wird und reift, kostet Zeit, sagt Max, Zeit, die auch bezahlt werden muss.

»Gut Ding will Weile habe«, das Sprichwort gilt nicht nur für die Küche, sondern auch für den Umbau der Frasdorfer Hütte. Eigentlich sollte sie längst eröffnet sein, aber sie ließ im Herbst 2021 als Baustelle immerhin erahnen, dass man sich hier auf den neu angelegten Terrassen und in den zwei Stuben mit gemütlicher Vertäfelung und rustikaler Einrichtung aus heimischem Holz wohlfühlen wird. Zehn einfache, aber neu ausgestattete Zimmer laden zum Übernachten ein, und sicher wird es auf dieser Alm die ein oder andere Veranstaltung geben, über die man nicht nur im Chiemgau sprechen wird.

ALTE KUH

Die Idee, auch alten Tieren Wertschätzung entgegenzubringen, findet inzwischen immer mehr Anklang. Die »Alte Kuh« wird als Delikatesse gehandelt, denn wenn es um Geschmack geht, hat älteres Rind tatsächlich mehr zu bieten als junges. Allerdings trifft das nicht auf jede Kuh zu. Es müssen bestimmte Kriterien erfüllt sein, damit es sich lohnt, das Fleisch reifen zu lassen. Die Kuh sollte ein gutes Leben auf der Weide gehabt haben und auch ein wenig gemästet und gepäppelt worden sein, bevor sie unters Messer kommt, denn nur so wird ihr Fleisch zu einem Genuss.

»HASENÖHRL«-SCHMALZGEBACKENES MIT SAUERRAHM, ROSENKOHL UND SENFSAAT

Für 4 Personen
Zubereitungszeit: ca. 90 Minuten plus 1 Woche Ruhezeit

FÜR DIE EINGELEGTE SENFSAAT
240 ml Apfelessig
100 g Zucker
25 g Salz
200 g helle Senfkörner

FÜR DIE »HASENÖHRL«
500 g Mehl Type 405 plus etwas mehr für die Arbeitsfläche
200 g Sauerrahm
2 Eier
100 g Butter
1 Prise Salz
Butterschmalz zum Frittieren

FÜR DEN ROSENKOHL
200 g Rosenkohl
1 EL Butterschmalz
Salz
frisch gemahlener schwarzer Pfeffer

ZUM ANRICHTEN
Crème fraîche

EINGELEGTE SENFSAAT:
Den Apfelessig, den Zucker und das Salz zusammen mit 360 ml Wasser aufkochen. Die Senfkörner in ein Schraubglas passender Größe füllen und mit dem heißen Sud übergießen. Das Glas verschließen und die Senfsaat eine Woche durchziehen lassen.

»HASENÖHRL«:
Das Mehl in eine Rührschüssel sieben und mit dem Sauerrahm, den Eiern, der Butter und dem Salz zu einem homogenen Teig kneten. Sollte der Teig zu fest erscheinen kann etwas lauwarmes Wasser untergemischt werden. Den Teig zu einer Kugel formen, in Frischhaltefolie wickeln und 2 Stunden kühl stellen. Anschließend den Teig dünn ausrollen und runde Formen ausstechen oder ausschneiden. Das Butterschmalz erhitzen und die Teigplatten portionsweise goldgelb ausbacken. Die »Hasenöhrl« auf Küchenpapier abtropfen lassen und bis zum Servieren warm stellen.

ROSENKOHL:
Den Rosenkohl waschen, putzen und die einzelnen Blätter vom Strunk ablösen. Das Butterschmalz in einer Pfanne erhitzen und die Rosenkohlblätter kurz anbraten. Mit Salz und Pfeffer würzen.

ANRICHTEN:
Auf die heißen »Hasenöhrl« je einen Klecks Crème fraîche geben, die Rosenkohlblätter darauf verteilen und einen Teelöffel Senfsaat darauf anrichten.

TIPP:
Die eingelegte Senfsaat passt sehr gut zu gebratenem Kohl. Dazu z. B. Grün-, Palm- oder Schwarzkohl in Butter braten, mit etwas Salz und zum Schluss einem guten Esslöffel eingelegter Senfsaat würzen. Sehr gut schmeckt sie auch zur Brotzeit oder auch zu gebratenem Zander mit Senfgurken und Dill.

TOPFENTASCHERL MIT ZWIEBELFOND

Für 4 Personen
Zubereitungszeit: ca. 120 Minuten plus 12 Stunden Ruhezeit

FÜR DEN ZWIEBELFOND

1 Knolle Sellerie
10 Zwiebeln
10 Schalotten
170 g Butter
250 ml weißer Portwein
250 ml trockener Weißwein
2 l Gemüse- oder Geflügelfond

FÜR DIE TOPFENTASCHERL

500 g Topfen
500 g Mehl Type 550 plus etwas mehr für die Arbeitsfläche
13 Eigelb
Salz
2 EL neutrales Pflanzenöl
50 g geriebener Käse (z. B. Parmesan oder auch gereifter Bergkäse)
Semmelbrösel nach Bedarf
Salz
frisch geriebene Muskatnuss

ZWIEBELFOND:

Den Sellerie und die Zwiebeln mit Schale auf einem Backblech verteilen und im auf 180 °C vorgeheizten Backofen (Umluft) ca. 40 Minuten rösten, bis alles weich ist.
Die Schalotten abziehen und fein würfeln. 20 g Butter in einem Topf erhitzen und die Schalotten goldbraun anbraten. Mit dem Portwein und dem Weißwein ablöschen und dann die Flüssigkeit nahezu vollständig reduzieren. Anschließend mit dem Fond aufgießen. Den gerösteten Sellerie und die gerösteten Zwiebeln aus ihren Schalen pressen und das Fruchtfleisch mit dem Kochsud in den Schalottensud geben. Alles zusammen etwa 30 Minuten köcheln und dann zum Abkühlen beiseitestellen. Den Zwiebelfond über Nacht durchziehen lassen. Dann erneut aufkochen und durch ein feines Sieb in einen Topf passieren. Die Hälfte des Zwiebelfond (ca. 1 l) aufkochen und auf ¼ l reduzieren. Dann die andere Hälfte zugeben abschmecken und mit einem Stabmixer die restliche kalte Butter (150 g) untermixen.

TOPFENTASCHERL:

Ein Sieb mit einem Leinentuch auskleiden und den Topfen einfüllen. Den Topfen über Nacht abtropfen lassen. Das Mehl in eine Rührschüssel sieben und mit 12 Eigelb, 1 Prise Salz und dem Öl zu einem homogenen, geschmeidigen Teig kneten. Sollte der Teig zu fest erscheinen, kann etwas Wasser untergemischt werden. Den Teig zu einer Kugel formen, in Frischhaltefolie wickeln und 1 Stunde kühl stellen.
Den abgetropften Topfen mit dem restlichen Eigelb (1), dem Käse und einigen Semmelbröseln verrühren und mit Salz und Muskatnuss würzen.

Die Füllung sollte nicht zu feucht sein. Den Nudelteig auswickeln und mit Hilfe einer Nudelmaschine oder einer Teigrolle dünn ausrollen. Den Teig entsprechend der gewünschten Form (Ravioli, Tortellini) ausstechen und mit der Quarkmasse füllen. Die Füllung beim Verschließen der Taschen etwas andrücken, damit keine Luftblasen darin bleiben, die zum Platzen der Taschen während des Kochens führen können. In einem großen Topf reichlich Salzwasser zum Kochen bringen und die Topfentascherl darin gar ziehen lassen. Mit einem Schaumlöffel aus dem Wasser heben und gut abtropfen lassen.

ANRICHTEN:

Die Topfentascherl auf den Tellern anrichten und mit dem Zwiebelfond beträufeln.

BILDERBUCHBAYERN – DIE »SCHLOSSWIRTSCHAFT WILDENWART«

Ein Dorf, ein Schloss, eine Wirtschaft, ein Biergarten – schöner als hier in Wildenwart kann Bayern fast nicht sein. In der vierflügeligen Schlossanlage fand der letzte bayerische König Ludwig III. nach seiner Flucht aus München Unterschlupf. Heute lebt in dem prunkvollen Anwesen sein direkter Nachfahre: Herzog Max in Bayern mit seiner Familie. In der zugehörigen Schlosswirtschaft steht seit 2007 Christoph Gelder am Herd.

Der gebürtige Wildenwarter verwöhnt seine Gäste mit gehobener regionaler Küche, die Traditionelles auch mal neu interpretiert. Bevor er sich wieder in der Heimat niederließ, sammelte Christoph Gelder Erfahrungen, nicht nur bei bayerischen Spitzenköchen, sondern auch in England und Asien.

Zu seinem Arbeitsplatz hat der Koch eine ganz besondere Beziehung. Als Kind hat er schon in dem Wirtshaus gespielt, das 1536 erstmals in einer Wildenwarter Urkunde erwähnt wird. Der Ortsname stammt wohl von einer »Warte in der Wildnis«, was so viel bedeutet wie »ungerodetes Gebiet«. Davon gab es hier noch reichlich, als um 1200 die erste Burg hoch über der Prien erbaut wurde und den Übergang bei Prutdorf sicherte, damals die wichtigste Verkehrsader im westlichen Chiemgau. Anstelle der Burg entstand später die barocke Schlossanlage mit zugehörigem Gutshof. Inzwischen gibt es keine Landwirtschaft mehr auf dem herzoglichen Gut, sondern nur noch die Gastwirtschaft. In der alten Gaststube mit der dunklen Holzverkleidung und dem Kachelofen fehlt weder das Abbild des verehrten »Kini« noch das Herrgottseck mit dem Kreuz. Im Biergarten unter den alten Kastanien schmeckt das süffige Bier

aus dem herzoglichen Brauhaus Tegernsee besonders gut. Dass in Wildenwart Tegernseer Bier ausgeschenkt wird, ist naheliegend, schließlich sind sowohl die Wirtschaft als auch die Brauerei in herzoglichem Besitz. Von seinem Bier genehmigt sich auch der Herzog selbst gerne ein frisch Gezapftes in der Stube oder im Biergarten. »Der Herzog ist gesellig, wie alle Wittelsbacher«, erzählt uns ein Stammgast. Und wahrscheinlich schätzt er auch die frische regionale Küche von Christoph Gelder, der sich im Laufe der Jahre ein kleines, aber feines Netzwerk an Lieferanten geschaffen hat.

Es sind vorwiegend kleine Produzenten aus der näheren Umgebung, denn der Koch sympathisiert schon lange mit den Ideen der Slow-Food-Bewegung. So kauft er ganze Pinzgauer Rinder, die auf 1200 Metern Höhe aufgewachsen sind, und verarbeitet selbstverständlich das komplette Tier. Glücklich ist er darüber, dass es in seiner unmittelbaren Nachbarschaft jetzt einen Züchter von Biohühnern gibt, deren Fleisch noch so richtig nach Huhn schmeckt, wie er sagt. Natürlich beliefern ihn die Chiemseefischer mit Renken, aber er nimmt auch gerne Hecht, wenn es welchen gibt. Sein Vater züchtet Saiblinge, und die Jäger bringen frisches Wild aus der herzoglichen Jagd. Was will man mehr in einer Küche, die sich passend zum Ambiente sehr der Tradition verpflichtet fühlt. Schweinebraten vom Strohschwein, Kalbsschnitzel oder Backhendl vom Biohuhn gehören zu den Klassikern auf der Speisekarte.

Damit es nicht langweilig wird, setzt Christoph Gelder aber gerne exotische Akzente, zum Beispiel indem er ein würziges Fischcurry mit Forellenfilet und Garnelen serviert. Die Ideen und das Know-how für seine Ausflüge in die asiatische Küche hat er aus Singapur mitgebracht, wo er ebenfalls gelebt und gearbeitet hat. Sein bayerisches Wammerl im »asiatischen Gewand« findet genauso viel Zuspruch wie die bayerische Ente mit Kartoffelknödel.

DRAMATISCHE FLUCHT

1918, als die Revolution in München tobte, hatte der bayerische König Angst, dass ihm und seiner Familie Ähnliches blühen könnte wie der russischen Zarenfamilie. Als die Tagebücher seiner Tochter Wiltrud entdeckt wurden, schrieb Hans Kratzer in der Süddeutschen Zeitung vom 4. Oktober 2018:

Es wird ja gerne erzählt, ein Arbeiter habe am Nachmittag des 7. November 1918 dem ahnungslos im Hofgarten spazierenden König zugerufen: »Majestät gengans hoam, Revolution is, sonst passiert eahna was!« (...) Die Minister rieten dem König, München zu verlassen. Die Flucht war begleitet von grotesken Pannen, ein Indiz für die morsch gewordene Monarchie. »Alles kam so überraschend, nichts war vorbereitet«, notierte Wiltrud in ihrem Tagebuch. In drei defekten Automobilen ohne Luft in den Reifen und ohne Licht setzte sich die königliche Familie am Abend des 7. November in Richtung Süden ab. Bei Nebel schlitterte der Wagen, in dem der König saß, nahe Rosenheim in einen Acker, aus dem ihn ein Bauer erst nach gutem Zureden mit Pferden herauszog. Der Wagen der Töchter streikte auf einer anderen Straße. Die Frauen marschierten zu Fuß nach Maxlrain weiter, wo sie spätnachts gnädige Aufnahme fanden. »Vor einigen Stunden in Prunkräumen unter Lüstern, und jetzt allein als Bettler um Obdach vor einer Schlosspforte«, bilanzierte Wiltrud ihre Not. Der Chauffeur des Königs hatte einer Bäuerin »für sündteure 20 Mark« eine Petroleumlampe abgekauft und am Kühler befestigt, damit der Wagen wenigstens ein bisserl Licht abstrahlte. Gegen Morgen erreichte er das im Familienbesitz befindliche Schloss Wildenwart, wo der König und seine Angehörigen Tage später wieder vereint waren.

REHRAGOUT MIT TOPFENSPÄTZLE

Für 4 Personen
Zubereitungszeit: ca. 120 Minuten

FÜR DAS REHRAGOUT
600 g Rehfleisch (ohne Knochen, Schulter oder Keule)
3 EL neutrales Pflanzenöl
Salz
frisch gemahlener schwarzer Pfeffer
2 EL Tomatenmark
250 ml trockener Rotwein
250 ml kräftiger Wildfond
4 Wacholderbeeren
3 Pimentkörner
10 Koriandersamen
10 schwarze Pfefferkörner
2 Lorbeerblätter
2 EL Preiselbeerkonfitüre

FÜR DIE TOPFENSPÄTZLE
250 g Topfen
4 Eier
3 Eigelbe
250 g Mehl Type 405
Salz
frisch geriebene Muskatnuss
2 EL Butter

ZUM ANRICHTEN
eingelegte Preiselbeeren

REHRAGOUT:
Das Fleisch parieren und in Würfel schneiden. Das Öl in einem Topf erhitzen und das Fleisch kräftig anbraten. Mit Salz und Pfeffer würzen. Das Fleisch braten, bis alle Flüssigkeit verdampft ist. Dann das Tomatenmark zugeben und rösten. Mit der Hälfte des Rotweins ablöschen und diesen vollständig einkochen lassen. Diesen Vorgang einmal wiederholen. Anschließend mit dem Fond aufgießen. Die Wacholderbeeren, die Pimentkörner, die Koriandersamen und die Pfefferkörner fein mörsern und zusammen mit den Lorbeerblättern zum Fleisch geben. Das Ragout abgedeckt etwa 1,5 Stunden bei mittlerer Temperatur schmoren lassen. Abschließend mit Salz, Pfeffer und Preiselbeeren abschmecken.

TOPFENSPÄTZLE:
Den Topfen in ein mit einem Leinentuch ausgelegtes Sieb geben und gut abtropfen lassen.
Dann den Topfen, die Eier und die Eigelbe in einer Schüssel glattrühren. Das gesiebte Mehl, eine kräftige Prise Salz und etwas geriebene Muskatnuss zugeben und mit den Händen einarbeiten. Den Teig mit den Händen kräftig schlagen bis sich Luftblasen bilden. In einem großen Topf reichlich Salzwasser zum Kochen bringen und den Spätzleteig mit Hilfe eines Spätzlehobels portionsweise in das Wasser reiben. Die Spätzle etwa 3 Minuten ziehen lassen, mit einem Schaumlöffel aus dem Wasser heben und gut abtropfen lassen. Die Butter in einer Pfanne aufschäumen lassen und die Spätzle durchschwenken. Mit Salz und Pfeffer abschmecken.

ANRICHTEN:
Das Ragout auf die vorgewärmten Teller verteilen und die Topfenspätzle daneben anrichten. Etwas Preiselbeeren am Rand platzieren.

RHABARBERGRÜTZE MIT KARAMELLSCHAUM UND FRISCHEN BEEREN

Für 4 Personen
Zubereitungszeit: ca. 45 Minuten plus Kühlzeit

FÜR DIE RHABARBERGRÜTZE
1 kg Rhabarber
100 ml Prosecco
150 g Zucker (bei Bedarf etwas mehr)
1 Vanilleschote
1 unbehandelte Zitrone
1 haselnussgroßes Stück Ingwer
ca. 1 TL Stärkemehl

FÜR DEN KARAMELLSCHAUM
100 g Zucker
100 ml Vollmilch
300 ml flüssige Sahne

ZUM ANRICHTEN
120 g saisonale Beeren (z. B. Erdbeeren, Walderdbeeren, Blaubeeren, Himbeeren)
Minzblätter

RHABARBERGRÜTZE:
Den Rhabarber waschen, schälen und in 2 cm dicke Stücke schneiden. Den Rhabarber mit 200 ml Wasser, dem Prosecco und dem Zucker in einen Topf geben und aufkochen. Die Vanilleschote mit einem spitzen Messer aufschlitzen, das Mark auskratzen und zum Rhabarber geben. Die Zitrone heiß abwaschen, gut abtrocknen, die Schale fein abreiben und den Abrieb zum Rhabarber geben. Den Ingwer schälen, sehr fein schneiden und ebenfalls zugeben. Das ganze etwa 5–7 Minuten köcheln, sodass der Rhabarber zwar weich, aber nicht zerfallen ist.
Das Stärkemehl in sehr wenig kaltem Wasser glattrühren und die Rhabarbergrütze damit binden. Die Grütze bis ca. 1/3 der Höhe in hohe Dessertgläser füllen und auskühlen lassen.

KARAMELLSCHAUM:
Den Zucker in einem Topf erhitzen und hellen Karamell herstellen. Nach und nach die Milch und die Sahne zugeben und unter Rühren zum Kochen bringen, bis sich der Karamell vollständig aufgelöst hat. Die Karamellsahne durch ein feines Sieb passieren und 2 Stunden kaltstellen. Danach in einen Sahnespender geben und mit 2 Kapseln für Sahnebereitung füllen. Den Sahnespender vor der Verwendung kräftig schütteln.

ANRICHTEN:
Auf die Rhabarbergrütze in den Dessertgläsern einige Beeren füllen und dann mit Karamellschaum auffüllen. Mit Minze und weiteren Beeren garnieren.

BIOPIONIER DER ERSTEN STUNDE – DER »ANDERLBAUER«

Der Autobahnverkehr rauscht hinter dem Schallschutzzaun vorbei, davor führt die Hauptstraße nach Frasdorf, und dazwischen liegt das Anwesen des »Anderlbauer«. Wer ins Ortszentrum will, kommt unweigerlich an dem geraniengeschmückten Hofladen vorbei. Samstags ist auf dem Platz davor immer Markttag, dann gibt es nicht nur die gesamte Palette an Biokäse, Lammfleisch und -wurst aus eigener Schlachtung, sondern auch Biogemüse der SoLaWi »Humane Landwirtschaft«, das rund um das Anwesen angebaut wird, und allerhand Biologisches, Feines und Schönes für Haus und Garten.

Als Johann Huber den Hof übernahm, hatte er bereits eine Ausbildung zum Zimmerer abgeschlossen, denn »bei zweitausend Quadratmeter Dachfläche hast du immer was zu tun«, zitiert er seinen Vater, der ihn in die Lehre geschickt hat. Doch dann stellte sich die Frage, was mit dem Hof geschehen soll, der bereits im 16. Jahrhundert als Steuerzahler in den Chroniken der Frasdorfer Kirche auftaucht. Allerdings, und das war auch für Johann Huber die Krux, war der Anderlhof immer ein Nebenerwerbsbetrieb, das heißt, von der Landwirtschaft alleine konnte man nicht leben. In früheren Zeiten verdingten sich die Männer als Säumer, Holzknechte oder Waldarbeiter und brachten so das nötige Bargeld heim. Anderlbauer Johann Huber hatte da eine andere Idee. Kühe, die immer im Stall angehängt sind, wollte er nicht haben, außerdem war die Milchquote gedeckelt und der Milchpreis sowieso im Keller. Also entschied er sich für Schafe und Ziegen, für die das nicht galt und die er auf die Weide schicken konnte. Außerdem setzte er von Anfang an auf Bioproduktion und Selbstvermarktung. Schnell fand er Landwirte in ähnlicher Situation und konnte bald ein Netzwerk von Zulieferern schaffen. Sechzehn Bioland zertifizierte Betriebe aus dem Chiemgau liefern inzwischen ihre Milch in die Käserei nach Frasdorf. Diese Pionierarbeit begann der »Anderlbauer« vor über dreißig Jahren, als die Biobranche gerade entstand. Er kann viele Geschichten erzählen, wie er zu Beginn mit seinen Käsen über Land gefahren ist und sie auf Märkten angeboten hat, im Winter frierend, und im Sommer sind sie ihm in der Hitze »davongelaufen«, erzählt er heute lachend. Da war es ein Segen, dass sich der Biogroßhandel entwickelt hat, sagt Johann Huber, der nach seiner Zimmererlehre auch noch Landwirt gelernt hat. Das mit dem Käsen, sagt er, hat er sich selbst beigebracht und sich auch die Käserei nach seinen Bedürfnissen zusammengezimmert. Wer die Gelegenheit hat, die Käserei bei einem der immer wieder angebotenen Events zu besichtigen, ist vielleicht erstaunt, dass auf so kleinem Raum so viele verschiedene Käsesorten produziert werden. Denn der Anderlbauer ist zwar ein Zwerg im Vergleich zu den großen Käsereien in Oberbayern oder im Allgäu, aber in der Biobranche ist er mit seinem vielseitigen Angebot an handwerklich hergestellten Käsen eine Institution. Seinen Biokäse gibt es inzwischen auch in vielen Naturkostläden und ausgesuchten Supermärkten. Dass die Produktion weitergeht, dafür sorgt bereits die nächste Generation.

»RICHTIGER« KÄSE

Butter, Rahm und den einfachen Graukäse durften die Bauern früher auf den Märkten verkaufen und hatten dafür ordentlich Steuer zu berappen. Bergkäse, also »richtigen Käse« zu machen, war gar nicht so einfach und zudem vielen Bauern im Mittelalter verboten. Denn die haltbaren, großen Käselaibe waren leicht aus dem Vogteigebiet zu schmuggeln und andernorts gewinnbringend und steuerfrei zu verkaufen. Bergkäse wurde nur im Sommer auf den Almen hergestellt, wo man genügend Milch zur Verfügung hatte, nicht umsonst heißt er ja Bergkäse. Dafür wird – wie übrigens heute noch – die warme Morgenmilch in die entrahmte Abendmilch geschüttet, ein Ferment dazugegeben, und wenn die Milch eingedickt ist, wird sie »gebrochen«, gerührt und in Formen gegossen. Daraus entstehen die Käselaibe, die lange reifen können und die auch damals schon weit über den Alpenraum hinaus begehrt waren. Für die Senner und Bauern waren die Laibe wie ein kleines Bankvermögen, ein Kapital, das bei Bedarf eingesetzt werden konnte. Besonders in Kriegszeiten, wenn der Käse für die Armeeverpflegung gebraucht wurde, konnten sie damit ein Zubrot verdienen.

LAMMROLLBRATEN

Für 4 Personen
Zubereitungszeit: ca. 2 Stunden

FÜR DEN LAMMROLLBRATEN

4 Zweige Rosmarin
4 Zweige Thymian
1 Bund glatte Petersilie
2 Zehen Knoblauch
1 Zwiebel
4 EL Olivenöl
2 EL mittelscharfer Senf
50 g gemahlene Mandelkerne
30 g geriebener Parmesan
Salz
frisch gemahlener schwarzer Pfeffer
1 kg parierte Lammkeule (ohne Knochen)
300 g Gemüsezwiebel
3 EL neutrales Pflanzenöl
2 EL Tomatenmark
200 ml trockener Rotwein
400 ml Gemüsebrühe
Zucker

ZUM ANRICHTEN

Butterspätzle
Kräuterzweige (z. B. Rosmarin und Thymian)

LAMMROLLBRATEN:
Den Rosmarin, den Thymian und die Petersilie waschen und gut trocken schütteln. Von je 2 Zweigen Rosmarin und Thymian die Nadeln bzw. Blättchen abzupfen. Den Knoblauch und die Zwiebel abziehen und fein würfeln. Die abgezupften Nadeln bzw. Blättchen, die Petersilie, die Zwiebel und den Knoblauch zusammen mit dem Olivenöl in einem Standmixer fein pürieren. Dann den Senf, die Mandeln und den Parmesan untermixen. Die Füllung mit Salz und Pfeffer abschmecken. Die Lammkeule auf der Arbeitsplatte ausbreiten, mit Frischhaltefolie bedecken und flachklopfen. Die Folie abziehen und das Fleisch mit Salz und Pfeffer würzen. Die Füllung gleichmäßig auf dem Fleisch verteilen. Dann die untere Fleischhälfte über die Füllung klappen und den Strang dann einrollen. Den Rollbraten mit Küchengarn zusammenbinden und dabei die verbliebenen Rosmarin- und Thymianzweige darunter stecken. Die Gemüsezwiebeln fein würfeln. Das Öl in einem Bräter erhitzen und den Rollbraten rundherum gut anbraten. Die Zwiebeln zufügen und ebenfalls anbraten. Das Tomatenmark zugeben und anrösten. Anschließend mit dem Wein ablöschen und mit der Gemüsebrühe aufgießen. Den Rollbraten im auf 180 °C vorgeheizten Backofen (Ober-/Unterhitze) 80–90 Minuten braten. Anschließend aus der Sauce nehmen und abgedeckt 10 Minuten ruhen lassen. Die Sauce gegebenenfalls entfetten und pürieren. In einen Topf umfüllen, aufkochen und mit Salz, Pfeffer und einer Prise Zucker würzen. Vor dem Servieren das Küchengarn entfernen und den Rollbraten in Scheiben aufschneiden.

ANRICHTEN:
Die Scheiben vom Rollbraten auf die vorgewärmten Teller legen und etwas Sauce darübergeben. Die Butterspätzle daneben anrichten. Mit den Kräuterzweigen garnieren.

MEHR ALS EINE SCHWÄRMEREI
DAS PROJEKT »LANDLMÜHLE«

Seit ungefähr 20 Jahren bauen Rudi und Maria Finsterwalder an einer Vision. »Zurück in die Zukunft« nennt es Rudi Finsterwalder. Er stellt sich dabei ein Dorf wie früher vor, in dem Leben und Arbeiten nicht getrennt stattfinden, sondern in dem alles vereint ist: essen, trinken, arbeiten und Kultur. Ein Ort als Vorbild für eine nachhaltige Entwicklung im ländlichen Raum.

Das Utopia des Architektenpaares ist die über 700 Jahre alte »Landlmühle«, ein Ortsteil von Stephanskirchen vor den Toren Rosenheims. Um 1376 wurde die Mühle erstmals urkundlich erwähnt, seit 1869 ist sie im Besitz der Familie Finsterwalder. Bis in die 1980er-Jahre wurden hier täglich viele Tonnen Mehl vermahlen. Der Mühlen- und Sägewerksbetrieb war allerdings längst aufgelassen, und das Gelände dümpelte so vor sich hin, als Rudolf und Maria Finsterwalder beschlossen, das Großstadtleben hinter sich zu lassen und hier ihre Vorstellung von nachhaltigem Leben in einer kreativen Gemeinschaft zu verwirklichen. Das Architektenpaar hat lange in Berlin gelebt und gearbeitet, bevor es sich mit voller Kraft, und auch mit genügend Erfahrung im Gepäck, dem Modellprojekt »Landlmühle« widmete.

Selbstständige und kleine Start-ups haben sich inzwischen um das Architekturbüro in dem behutsam umgestalteten Industriegelände angesiedelt. Mit kubistisch anmutenden Holzverkleidungen und Neubauten haben die beiden Architekten markante Akzente gesetzt, eine spannende Verbindung zwischen Alt und Neu geschaffen. Inzwischen ist die Landlmühle eine Art urbaner Raum »out of Rosenheim«. Es gibt

stylische Klamotten, coole Möbel, Biokosmetik und Gewürze, ein Yogazentrum und eine Kletterhalle. Und wer will, kann das Fermentieren oder Gärtnern lernen.

Viele Synergien ergeben sich aus dem Miteinander der Bewohner*innen und lassen immer wieder Neues entstehen. Altes verschwindet, so wie die Metzgereigenossenschaft und das Wirtshaus. Dafür sind die »Marktschwärmer Rosenheim« jetzt hier zu Hause und organisieren die wöchentliche Auslieferung der Produkte von Direktvermarktern aus der Region. Neuer Treffpunkt am Abend oder auch für Feste ist die Bar »Achtpunktsechs«. Auf dem kleinen Markt am Wochenende gibt es Biofleisch, Brot, Käse und je nach Saison Gemüse aus der Region. Vier Mal im Jahr findet ein großer Handwerkermarkt statt, und wer weiß, was sich in Zukunft noch so alles tut.

Ach ja, und dann gibt es auch noch die Landwirtschaft, die zur ehemaligen Mühle gehört und ein wichtiger Aspekt des Gesamten ist. Eine »Solawi« (Soldiarische Landwirtschaft) bewirtschaftet die Felder und hält ein paar Schweine auf der Weide. Die Landlmühle vereinigt unglaublich viel Sehenswertes an einem Ort und hat sich auch zu einem lohnenden Ausflugsziel für Jung und Alt entwickelt. Über 40 Attraktionen gibt es zu entdecken, von alten Geräten und Maschinen bis hin zu moderner Kunst und Architektur. Auch Führungen über das Gelände oder zu bestimmten Themen wie Gartenbau oder nachhaltige Landwirtschaft werden angeboten.

Demnächst gibt es bestimmt auch wieder ein gastronomisches Angebot und immer wieder neue Gründe, die Landlmühle zu besuchen.

URBANE BAR IM »DORF« – »ACHT-PUNKTSECHS«

Es ist ganz einfach, »Achtpunktsechs« ist der Name und gleichzeitig die Adresse der Bar, die urbanes Flair in die Landlmühle bringt. Wo sich vorher eine riesige Turbine drehte, serviert Abi Iqbal jetzt seine Drinks mit »fancy Schaumkronen und aufregenden Garnituren für den Kick«. So oder so ähnlich, wie er es auch schon in seinem »Cocktailstüberl« Alpentrunk in Rosenheim gemacht hat.

Kreativ ist der gebürtige Kölner, der Kunst studiert und Schaufenster dekoriert hat, in der Modebranche gearbeitet hat und dann letztendlich als Barman seine Berufung gefunden hat, allemal. Jetzt legt er richtig los, in seinem »Barsalon« im Industrial Chic. Auf zwei Etagen hat er einen intimen Raum geschaffen, und sicher wird »Achtpunktsechs« auch im Sommer ein beliebter Treffpunkt, wenn die Gäste draußen auf der kleinen Terrasse am Mühlbach sitzen. Natürlich gibt es dann auch einen Aperol Spritz, aber mit dem »Abi-Twist«. Denn seine Cocktailkreationen sind alles andere als herkömmlich.

Auf dem Tresen reihen sich Fläschchen, Pipetten und Parfumzerstäuber auf, dazu viele kleine Flaschen mit geheimnisvollen Flüssigkeiten. Darin verbergen sich selbstgemachte Sirupe aus Kräutern, Früchten und Blüten, Essenzen und Reduktionen, um den Drinks das gewisse Etwas zu verleihen.

Für seine komplexen Kreationen werden Gläser parfümiert und Drinks gefloatet, Eiweiß macht sie vollmundig und Frucht- und Gemüsesäfte sorgen für fruchtige, beerige oder herbe Noten. Eigenkreationen wie zum Beispiel die »Versuchung der Maria«, ein Drink, den Abi für seine Frau kreiert hat. Der Whisky-Cocktail mit Safransirup, Mezcal für die rauchige Note, Eiweiß und Zitronensaft, auf Eis serviert und mit kandierten Rosenblüten dekoriert, gehört genauso zu seinen Signature Drinks wie die Mischung von Sake mit Holundersirup und Blüten.

Viele Zutaten findet der Barkeeper in der Region, Wermut aus Tirol oder Cidre vom Anderlbauer in Frasdorf. Kräuter und Gemüse für die Drinks und die beliebten Gemüsechips wachsen gleich hinter der Mühle auf den Feldern der »Solawi«. Und selbstverständlich kommen nur hochwertige, internationale Spirituosen ins Glas. Im »Achtpunktsechs« stimmt eben alles: Ambiente und Angebot und bei entsprechendem Barsound lässt sich der Abend hier so richtig genießen.

BEETROOT

Für 1 Person
Zubereitungszeit: ca. 5 Minuten

4 cl Gin
1,5 cl frisch gepresster Rote-Bete-Saft
1 cl Zuckersirup
1 Limettenachtel
Eiswürfel
Tonicwater
1 Stange Staudensellerie

Den Gin, den Rote-Bete-Saft, den Zuckersirup und das Limettenachtel in einen Cocktailshaker geben und verrühren. Einige Eiswürfel in ein Longdrinkglas geben, den Drink durch in Barsieb in das Glas gießen und mit Tonicwater auffüllen. Mit dem Staudensellerie garnieren und servieren.

BLAUKRAUTCHIPS

Für 1 Person
Zubereitungszeit: ca. 15 Minuten plus 12 Stunden zum Marinieren und 10 Stunden zum Dörren

etwa 1 kg Rotkohl
3 gestrichene TL feines Ursalz
4 gestrichene TL Apfelessig
5 getrocknete Wacholderbeeren

Die Blätter des Rotkohls einzeln vom Strunk lösen und in grobe Stücke schneiden. Das Salz, den Apfelessig und die Wacholderbeeren in eine Schüssel geben, die Rotkohlblätter hineingeben, alles gut vermengen und etwa 12 Stunden ziehen lassen.
Die Rotkohlstücke danach in einen Dörrautomaten geben und für 10 Stunden bei 60 °C dörren, bis sie richtig knusprig sind. Alternativ kann man die Chips auch im Backofen zubereiten, dabei aber die Backofentür einen Spalt offen lassen.

EIN HAUCH EXOTIK – DIE »GEWÜRZMÜHLE ROSENHEIM« IN DER LANDLMÜHLE

Ein Duft aus Kräutern und Gewürzen liegt in der Luft. In der ehemaligen Lackiererei, die zu einem coolen Verkaufs- und Produktionsraum im Industriedesign umgebaut wurde, dürfte es auch früher stark gerochen haben. Aber der heutige Duft ist mit Sicherheit angenehmer. In den Regalen reihen sich Gläser mit Gewürzen und Gewürzmischungen aneinander, alle in eleganten, schwarzen Kartons verborgen. Denn, das ist Inhaber Simon Mendel wichtig, die kostbaren Produkte sollen möglichst lichtgeschützt und trocken lagern, um ihren feinen Duft und ihre Würzkraft lange zu erhalten. Schließlich werden die über 200 Gewürze, Kräuter, Rinden, Wurzeln und Blüten aus aller Welt importiert, und in der Rosenheimer Manufaktur geprüft, gewogen, geröstet und gemischt.

Der zweite Blick fällt auf den Produktionsraum und das Lager mit schönen alten Tonnen, in denen die Gewürzvorräte lagern. Hier ist auch das Experimentierfeld von Jaqueline Bohleber. Die gelernte Köchin hat eine feine Nase und ein feines Gespür für Zusammenstellungen. Gemeinsam mit Simon Mendel kreiert sie die typischen, unverwechselbaren Gewürzmischungen der Rosenheimer Mühle. Wie zum Beispiel Ras el-Hanout mit 17 verschiedenen Zutaten, Barbecue-Salze, Madras-Currys und Thai-Currys, aber auch Schweinebraten-, Bratkartoffel- und Grillgewürz gehören dazu. Apropos Bratkartoffelgewürz: Diese Gewürzmischung soll der Ursprung der bereits 1957 gegründeten Mühle sein. Ein Vorfahre des Gründers kochte auf Herrenchiemsee für König Ludwig und entwickelte ein spezielles Bratkartoffelgewürz. Diese Gewürzmischung – so die Überlieferung – inspirierte ihn angeblich dazu, sich ausführlicher mit dem Thema zu beschäftigen und in der Folge die Rosenheimer mit Brot-, Gulasch- und anderen Gewürzen zu versorgen.

Tatsächlich sind noch Geräte und eine Mühle aus der Gründerzeit in Betrieb. »Sie mahlt besonders langsam und schonend«, sagt Jaqueline Bohleber, die darauf achtet, dass beim Mahlvorgang nicht zu viel Wärme entsteht, was den Gewürzen schaden würde. Bevor sie ihre Mischungen in einer Trommel kreisen lässt, damit sich die Zutaten gut verbinden, prüft und probiert sie, wie die Gewürze auf Wärme und Fett reagieren.

Nichts wird dem Zufall überlassen, absolute Qualität ist oberstes Gebot. Keine Aromazusätze, keine Rieselhilfen oder chemischen Komponenten kommen in die Gläser. »Alles Natur«, sagt Simon Mendel, der die früher etwas angestaubte Mühle auf die Höhe der Zeit gebracht hat. Er kennt die Händler und Lieferanten aus aller Welt, schaut aber auch immer, wo er etwas aus der Nähe beziehen kann. Kümmel zum Beispiel kommt seit neuestem aus Bayern, Kräuter aus Deutschland oder dem Mittelmeerraum.

Auch eigene Teemischungen gehören zum Sortiment. Ob man asiatisch, bayerisch oder orientalisch kochen will – in der Gewürzmühle gibt es jedes Gewürz für jede Küche und noch viel mehr, nämlich auch Kochkurse, in denen man den richtigen Umgang mit den Gewürzen lernt. Die finden allerdings im Stammhaus der Gewürzmühle, in Bad Endorf statt. In der ehemaligen Schlosserei am Ortsrand ist viel Platz, dort stehen auch die »Big Green Egg«-Luxusgrills, die bei den Grillkursen zum Einsatz kommen.

Egal, ob beim Grillen oder Kochen, Gewürze machen den entscheidenden Unterschied, sagt Simon Mendel: »Mit ihnen erreicht man viel, mit geringem Aufwand.« Deshalb stehen nicht nur Hobbyköchinnen und Köche auf die Gewürze aus Rosenheim, sondern auch Profis und Sterneköche.

GEWÜRZE RICHTIG LAGERN UND BEHANDELN

Gewürze sollten generell trocken, dunkel, luftdicht und kühl aufbewahrt werden. Licht zersetzt die Vitamine, die Farbe und die Geschmacksstoffe.

Gewürze nicht im Kühlschrank aufbewahren, da sich dort Feuchtigkeit entwickeln und klumpen oder sogar schimmeln können.

Gewürze nicht oberhalb des Herdes aufbewahren, da sie dort durch die Kochdämpfe ebenfalls feucht werden können.

Beim Würzen darauf achten, dass die Gewürze nicht mit heißen Dämpfen in Berührung kommen.

Currypulver nicht anrösten, da sich schnell Bitterstoffe entwickeln.

Gewürze mit flüchtigen, feinen Aromen, wie zum Beispiel Zitrus, erst am Ende der Koch- bzw. Garzeit zugeben, so bleiben die Aromen erhalten.

REHRÜCKEN MIT SELLERIE-PÜREE UND NUSSBUTTER

Für 4 Personen
Zubereitungszeit 45 Minuten
plus 2 Stunden zum Marinieren
Gar- und Räucherzeit 30 Minuten

FÜR DEN REHRÜCKEN

1 ausgelöster Rehrückenstrang (etwa 600 g)
2 EL Wild Juniper Pepper Rub (Gewürzmühle Rosenheim)
1 gestrichener EL Meersalzflocken
1 TL Rohrohrzucker
Cayennepfeffer
75 g Butter
80 g Paranusskerne

FÜR DAS SELLERIEPÜREE

1 großer Knollensellerie
1 Zwiebel
1 EL Butter
200 ml Gemüsebrühe
150 ml Sahne
Salz
frisch gemahlener Pfeffer
Cayennepfeffer
½ Zitrone

ZUM ANRICHTEN

1 Stange Lauch
2 EL Weizenmehl Type 405
neutrales Pflanzenöl zum Frittieren

AUSSERDEM

Vakuumbeutel
Vakuumierer
Räucherbox
1 Handvoll Räucherchips (Ahorn oder Erle, 30 Minuten gewässert)

REHRÜCKEN

Den Rehrücken parieren und trockentupfen. Die Gewürzmischung mit Meersalzflocken und Zucker mischen und den Rehrücken damit rundum einreiben. Das Fleisch entweder straff in Frischhaltefolie wickeln oder vakuumieren. 2 Stunden kühl stellen.
Inzwischen den Lauch putzen, der Länge nach aufschneiden, waschen und trockentupfen. Die Stange längs in dünne Streifen schneiden.
Den Rehrücken aus dem Vakuum nehmen, trockentupfen und 30 Minuten temperieren lassen.
Den Räucherofen auf 100 °C erhitzen. Das Fleisch auf den Rost legen und in den Räucherofen einschieben. Die Räucherbox mit den Räucherchips über der Hitzequelle einschieben und zum Glimmen bringen. Den Rehrücken 30 Minuten räuchern.

SELLERIEPÜREE

Den Sellerie waschen, schälen und in Stücke schneiden. Die Zwiebel abziehen und würfeln. Beides in einem Topf in der Butter anschwitzen. Die Gemüsebrühe angießen und den Sellerie abgedeckt bei mittlerer Hitze etwa 30 Minuten weich garen.
Die Sahne zum Sellerie geben, kurz aufkochen und pürieren. Das Selleriepüree mit Salz, Pfeffer, einer Prise Cayennepfeffer und einem Spritzer Zitronensaft würzig abschmecken.

ANRICHTEN

Den Lauch kurz vor dem Servieren in etwas Mehl wenden und in einem Topf in heißem Öl frittieren. Auf Küchenpapier abtropfen lassen und leicht salzen. Zuletzt die Butter in einer Pfanne aufschäumen. Die Paranüsse hacken und zur Butter geben. Den Rehrücken in der heißen Butter wenden und anbraten. Das Selleriepüree auf Teller verteilen, das Fleisch in Tranchen schneiden und mit anrichten. Zuletzt die Nussbutter darüberträufeln. Mit dem frittierten Lauch garnieren.

»GMIASHUNGER« – DIE FERMENTIERWERKSTATT VON SIBYLLE HUNGER

»Gmiashunger« – der Name ist Programm. Seit ihrer Kindheit liebt Sibylle Hunger Gemüse, und ganz besonders gern mag sie es fermentiert. Der saure Geschmack ist vielleicht nicht jedermanns Sache, aber Sibylle Hunger hat er schon damals überzeugt, als sie mit ihrer Mutter in den Keller hinuntersteigen durfte, um das Kraut aus dem großen Fass zu schöpfen, worin es jedes Jahr eingestampft wurde. Noch mit einundneunzig Jahren hat ihre Mutter ein Fünfzig-Liter-Fass Sauerkaut eingemacht. Der Schluss liegt nahe, dass Sauerkraut lange fit hält, vor allem, wenn es roh genossen wird.

»So ein saures Gemüse ist einfach einzigartig in der kulinarischen Landschaft«, schwärmt die blonde Bayerin. Das haben inzwischen ja auch Spitzenköche in aller Welt begriffen. Wer cool und innovativ ist, der legt ein. In der gehobenen Gastronomie wird daher fermentiert, was das Zeug hält. Ausgehend von dem Kopenhagener Restaurant »Noma«, das im Ruf steht, das beste der Welt zu sein, ist die Fermentierwelle über die gesamte gastronomische Welt hinweggerollt und inzwischen auch in den Privathaushalten angekommen. Was die Bayern traditionellerweise eher weichgekocht auf den Tisch bringen und was schon auf den Schiffen der Seefahrer den Skorbut bekämpfen half, das inspiriert Küchenchefs wie René Redzepi vom »Noma« zu kulinarischen Höhenflügen und sogar dazu, ein eigenes Fermentierlabor zu gründen.

Im kleineren Maßstab besitzt Sibylle Hunger das schon lange, dafür wurde sie übrigens lange Zeit eher belächelt. Heute schaut die Welt ganz anders auf ihre bunt gefüllten Gläser, in denen es blubbert und brodelt. Nachdem sie in der Tradition ihrer Mutter mit Sauerkraut begonnen hat, wurde sie immer experimentierfreudiger und versorgte die Familie schon bald mit ihren farbenfrohen Kreationen. Sie nennen sich »Paradieserl«, »Gipflgmias«, »Woidgmias« oder auch »Bierradi«, und darin steckt alles, was der Gemüsegarten im Jahresverlauf hergibt. »Am Anfang war auch einiges für den Komposthaufen dabei«, gesteht sie. Aber inzwischen hat sie sich durch alle Gemüsearten »durchfermentiert« und ein großes Repertoire an wunderbaren Rezepten entwickelt. Zu ihren Lieblingen fürs milchsaure Einlegen gehört die Rote Bete, denn die bringt so richtig Leuchtkraft in die Gläser und gibt noch dazu einen tollen Geschmack, sagt Sibylle Hunger. Ihren Bürojob hat sie längst an den Nagel gehängt und sich ganz der Kunst des Fermentierens verschrieben. Inzwischen gibt sie das begehrte Wissen in Fermentierkursen weiter und engagiert sich auch in der Solidarischen Landwirtschaft. Regionales, biologisches Gemüse ist für sie die Grundvoraussetzung für das Haltbarmachen mit Milchsäuregärung. Sie schwört auf die Methode, denn sie ist nachhaltiger als Einkochen oder Einfrieren und außerdem gesünder. Erwiesenermaßen bleiben die Nährstoffe und Vitamine erhalten, und die Darmflora freut sich ebenfalls über die probiotischen Bakterien die beim Fermentieren entstehen. Immer tiefer ist Sibylle Hunger in die Welt der Bakterien und Mikroben eingedrungen und vermittelt in ihren Kursen mittlerweile auch, wie Shoyu, also Sojasauce, Gewürzpasten wie Miso oder fermentierte Getränke wie Kombucha hergestellt werden. Wenn es um sie herum blubbert und gärt und viele gute Bakterien am Werk sind, dann fühlt sie sich am wohlsten.

»ALLES GUT, WENN ES UNTER LAKE RUHT«

Die Fermentation ist eine der ältesten Methoden der Haltbarmachung. Man kann das Gemüse entweder trocken salzen oder in Lake einlegen. Das Salz ist jeweils der Beschleuniger, der das Wachstum der Milchsäurebakterien begünstigt. Unter Ausschluss von Sauerstoff vernichten sie alle Hefen und Schimmelpilze, die das Gemüse verderben könnten, und machen es haltbar und schmackhaft. Damit das wirklich gelingt, müssen allerdings noch ein paar andere Parameter stimmen: Die Temperatur spielt ebenso eine Rolle wie der Faktor Zeit, und eine Portion Aufmerksamkeit und Achtsamkeit benötigt der Prozess auch. Ansonsten ist die Methode sicher, einfach, energiesparend und nachhaltig, kein Gemüse muss mehr verderben, vielmehr kommt es sofort in die Lake, egal, ob es sich um eine große Portion oder einen Rest handelt. Das Ergebnis ist garantiert kohlehydratarm, ballaststoffreich und kommt ganz ohne Konservierungsstoffe, Zuckerzusatz und andere Zusatzstoffe aus.

BAYERISCHES KIMCHI »CHIEMCHI«

Für 850 ml
Zubereitungszeit: ca. 60 Minuten plus 5–7 Tage Ruhezeit

FÜR DAS BAYERISCHE KIMCHI

450 g grüner Stielmangold (alternativ Chinakohl oder Pak Choi)
10–12 g Alpen- oder Steinsalz
50 g Rettich
50 g Karotte
50 g Lauch oder Zwiebel
50 g reife Birne
10 g frischer Ingwer (alternativ Meerrettich)
1–2 Zehen Knoblauch
½ Chilischote
1 TL Senfsaat
2 EL natürlich gebraute Sojasauce

BAYERISCHES KIMCHI:
Den Mangold waschen, in mundgerechte Stücke schneiden und in eine große Schüssel füllen. Das Salz zugeben und unter leichtem Kneten gut vermischen. Den Mangold 15–30 Minuten durchziehen lassen. Den Rettich und die Karotte raspeln. Den Lauch in fein Ringe schneiden. Das Gemüse zum Mangold geben.
Die Birne, den Ingwer und den abgezogenen Knoblauch fein reiben und vermischen.
Die Chilischote nach Wunsch entkernen, fein hacken und zusammen mit der Senfsaat und der Sojasauce zum Birnengemisch geben. Die Würzmischung gut vermischen und über den Mangold gießen. Alles gut miteinander vermischen. Den Mangold in ein Einmachglas schichten und dabei immer wieder gut festdrücken, sodass sich oben eine Flüssigkeitsschicht bildet.

Dann das Einmachglas mit dem Gummiring und dem Deckel fest verschießen und die Klammer anbringen. Das Glas dann auf einer säurefesten Unterlage 5–7 Tage bei einer Raumtemperatur von 20–22 °C ruhen lassen. Während des Gärvorgangs kann etwas Lake oder Schaum austreten. Danach kann das Kimchi im nicht angebrochenen Glas bei 10–18 °C mehrere Monate gelagert werden. Angebrochene Gläser müssen im Kühlschrank aufbewahrt werden.

ERST HOBBY, DANN BERUF – DIE »CHIEMGAUER ÖLMÜHLE«

In der Ölmühle von Hans Niedl duftet es fein-nussig und aus der Presse tropft das frisch gepresste Leinöl. Es ist fast ein wenig meditativ, zuzuschauen, wie das goldgelbe Öl Tropfen für Tropfen aus der Mühle rinnt. Aus drei Kilogramm Leinsamen gewinnt der Chiemgauer Ölmüller einen Liter Öl, das so schonend wie möglich gepresst wird. Leinöl, sagt Hans Niedl, darf man nicht zu stark erhitzen, da es sonst seine Qualitätseigenschaften verliert. Bei ihm läuft die Mühle extra langsam, denn je schneller gepresst wird, umso mehr Hitze wird durch die Reibung an das Öl abgegeben, und das soll möglichst vermieden werden. Sein Bioleinöl wird so kalt wie technisch möglich gepresst und erreicht dabei höchstens siebenunddreißig Grad.

Ölmüller ist im Chiemgau nicht gerade ein Traditionsberuf, und Hans Niedl ist dazu gekommen »wie die Jungfrau zum Kind«, sagt er selbst und lacht über die Entwicklung, die sein eher als Hobby gedachtes Unternehmen genommen hat. »Ursprünglich war es die Idee einer Nachbarin«, erzählt er, »die einen Vortrag über die Öl-Eiweiß-Kost nach Johanna Budwig gehört hatte.« Weil es die Basis dieser Diät, das Omega-3-haltige Leinöl regional nicht gab, beschlossen die Nachbarn, zusammenzulegen und eine Ölpresse zu kaufen, um es selbst herzustellen. Ein teures Hobby? »Nein«, sagt der Ölmüller, »die Presse hat viertausend Euro gekostet, andere kaufen sich für dreitausend Euro Fahrräder, um damit zur Arbeit zu fahren.« Außerdem ist aus dem Hobby inzwischen ein richtiges Gewerbe geworden, denn als das erste Öl gepresst war, wollten nicht nur die Nachbarn davon haben. Und so entwickelte sich nach und nach ein kleiner Wirtschaftsbetrieb. Inzwischen hat der gelernte Techniker seine Kenntnisse und Fertigkeiten ausgebaut und presst nicht nur Leinöl, sondern, wie er selbst sagt, »alles, was ölhaltig ist und in Bayern wächst«. Das an ungesättigten Fettsäuren reiche und Omega-3-haltige Leinöl war der Start in seine Karriere als Ölmüller. Aber der starke Eigengeschmack ist gewöhnungsbedürftig: »Entweder man liebt ihn, oder man mag ihn nicht«, sagt Hans Niedl, für den ein Kartoffelsalat ohne Leinöl inzwischen undenkbar ist. Aber da einigen das Leinöl so gar nicht schmeckte, begann er auch das geschmacklich etwas dezentere Leindotteröl herzustellen. Der Leindotter hat außer der Ähnlichkeit im Namen nichts mit dem Leinsamen zu tun. Er wurde schon früher als Ölsaat verwendet, dann aber vergessen. Inzwischen wird die zur Familie der Kreuzblütler gehörende Pflanze wieder angebaut und das Öl auch gerne in der Kosmetikindustrie verwendet. Es enthält

nicht ganz so viel Omega-3-Fettsäure wie das Leinöl, hat aber immer noch einen hohen Anteil. Nach und nach kamen noch Hanföl und Senföl dazu und zuletzt auch noch das aus Österreich importierte Kürbiskernöl. Alle Öle von Hans Niedl haben Demeter-Bioqualität, daher ist sein größtes Problem die Beschaffung der Rohstoffe. Manchmal geht ihm die Leinsaat vor der neuen Ernte aus. Denn der Anbau ist heikel und die Ernte schwierig, sodass sich nicht viele Bauern im Chiemgau vom Anbau der Biosaaten überzeugen lassen. Aber was Qualität und vor allem Regionalität angeht, da ist der Betreiber der Chiemgauer Ölmühle kompromisslos: Er besteht auf hundert Prozent Demeter-Qualität aus der Region. Inzwischen war Hans Niedl schon »Geburtshelfer« bei zwei weiteren kleinen Ölmühlen in Bayern, denn vor allem das Leinöl sollte immer frisch sein, weshalb man es besser regional und in kleinen Mengen kauft. Außer den Ölen gibt es in der Mühle jetzt auch Leinsamen, Senfsamen, Kürbiskerne und geschälte Hanfsamen, und demnächst will Hans Niedl auch den speziell für Tierhalter so wertvollen Leinkuchen als Mehl anbieten.

KLEINE ÖLKUNDE

Leinöl

Es hat einen kräftigen, nussigen Geschmack, nur wenn es zu alt wird, schmeckt es tranig und ranzig. Es ist der beste Lieferant der wertvollen Omega-3-Fettsäuren und sollte nicht erhitzt werden. Zwei bis drei Esslöffel täglich decken den Bedarf eines Erwachsenen. Das Öl eignet sich sehr gut für Kartoffelsalat, aber auch – wie schon von Starkoch Alfons Schuhbeck propagiert – in Magerquark gerührt, als deftiges oder auch süßes Frühstück.

Leindotteröl

Der Leindotter, der nichts mit dem Leinsamen gemein hat, hat seinen Namen wohl daher, dass die gelbblühende Pflanze früher oft in den blau blühenden Leinfeldern anzutreffen war, als »gelber Dotter« im blauen Blütenmeer.

Das Öl ist ebenfalls reich an Omega-3-Fettsäuren sowie Vitamin E. Der Geschmack des frischen Öls erinnert an frische Erbsen und Spargel, und es eignet sich hervorragend für Salate, aber auch, um Gemüse oder Dips aufzupeppen.

Hanföl

Der Hanf ist eine der ältesten Nutzpflanzen überhaupt und wird weltweit schon seit etwa zehntausend Jahren kultiviert. Hanföl enthält Omega-6-Fettsäuren und zusätzlich eine ganze Reihe von Mineralien und Vitaminen, wie Eisen, Magnesium, Kalzium, Kalium, Vitamin E sowie Vitamin B1 und B2. Es hat eine grünliche Farbe und ist eher süßlich-herb im Geschmack. In der Küche eignet es sich insbesondere für Salate und Brotaufstriche, aber auch einfach auf frisches Weißbrot geträufelt kann es ein Genuss sein.

SENFÖL

Wer jemals in Nordindien war, kennt dieses Öl, das dort hauptsächlich als Bratfett verwendet wird, da man es bis zweihundert Grad erhitzen kann. Die Schärfe des Senfs ist im Öl nicht zu spüren, es ist sehr mild und eher neutral im Geschmack. Außerdem ist es von allen genannten Ölen am längsten haltbar, nämlich bis zu zwölf Monate. Man kann es sowohl für Salate, Rohkost und Pestos verwenden als auch zum Braten und Dünsten.

KARTOFFELSALAT À LA CHIEMGAUER ÖLMÜHLE

Für 4 Personen
Zubereitungszeit: ca. 40 Minuten plus 40 Minuten Ruhezeit

FÜR DEN KARTOFFELSALAT À LA CHIEMGAUER ÖLMÜHLE

1 kg vorwiegend festkochende Kartoffeln
Salz
1 kleine Zwiebel
1 kleine Zehe Knoblauch
200 ml Rinderbrühe
2 EL Weißweinessig
2 TL süßer Senf
frisch gemahlener schwarzer Pfeffer
gerebelter Majoran
6 EL Leinöl

ZUM ANRICHTEN

Schnittlauchröllchen

KARTOFFELSALAT À LA CHIEMGAUER ÖLMÜHLE:
Die Kartoffeln waschen und je nach Größe 20–30 Minuten in Salzwasser kochen. Anschließend die Kartoffeln abgießen, etwas abdampfen und abkühlen lassen. Noch warm die Schalen abziehen, die Kartoffeln in dünne Scheiben schneiden und in eine Schüssel füllen.
Die Zwiebel abziehen, halbieren und in sehr feine Scheiben schneiden. Den Knoblauch abziehen und fein würfeln. Die Brühe erhitzen, mit dem Essig und dem Senf vermischen und mit Salz, Pfeffer und Majoran würzen. Die noch warmen Kartoffeln mit der heißen Marinade übergießen, die Zwiebeln und den Knoblauch zugeben und alles gut vermischen. Den Kartoffelsalat 5–10 Minuten durchziehen lassen. Jetzt das Leinöl untermischen und weitere 30 Minuten durchziehen lassen.

ANRICHTEN:
Den Kartoffelsalat in eine Schale füllen und mit den Schnittlauchröllchen garnieren.

FENCHELSALAT MIT LEINDOTTERÖL À LA CHIEMGAUER ÖLMÜHLE

Für 4 Personen
Zubereitungszeit. ca. 30 Minuten

FÜR DEN FENCHELSALAT
400 g Fenchel
1 Apfel (z. B. Granny Smith)
2 Orangen
Salz
frisch gemahlener schwarzer Pfeffer
1 TL Orangensenf
2 EL Leindotteröl
1 EL weißer Balsamicoessig
50 g Walnusskerne

ZUM ANRICHTEN
1 EL Granatapfelkerne

FENCHELSALAT:
Den Fenchel waschen, halbieren und vom Strunk befreien. Den Apfel waschen, vierteln und das Kerngehäuse entfernen.
Die Fenchelhälften und die Apfelviertel fein hobeln und in eine Schüssel füllen. Die Orangen filetieren und dabei den Saft auffangen. Die Filets zum Fenchel geben, mit Salz sowie Pfeffer würzen und alles vermischen. Den aufgefangenen Orangensaft mit dem Senf, dem Öl und dem Essig verrühren und den Fenchelsalat damit marinieren.
Die Walnusskerne in einer beschichteten Pfanne ohne Fettzugabe kurz anrösten, bis sie duften und grob hacken.

ANRICHTEN:
Den Fenchelsalat auf einer Platte anrichten und mit den Walnuss- und Granatapfelkernen bestreuen.

ZWEI, DIE ZUSAMMENPASSEN – DIE »CHIEMGAUER GENUSS-MANUFAKTUR« UND »BETTINAS KEIMBACKSTUBE«

Sie waren beide auf der Suche, Astrid Günther und Bettina Edmeier. Die Betriebswirtin fand als Aussteigerin ihre Erfüllung, die Bäckermeisterin als Wiedereinsteigerin. Beide haben jedenfalls einige Umwege gemacht, um zu dem zu kommen, wofür sie stehen.

Wahrscheinlich war die Erinnerung an die Ausflüge mit der Großmutter zum Kräutersammeln ausschlaggebend dafür, dass Astrid Günter ihren Job als Betriebswirtin an den Nagel hängte und aus ihrem Hobby eine Geschäftsidee entwickelte. Kräutersammeln war schon immer ihre Leidenschaft, kein Wunder also, dass es jetzt die Kräutersalze sind. Sie verwendet nur reines Steinsalz, das direkt aus dem Berg gebrochen wird und reich an Mineralstoffen ist, dazu kommen rein biologische Kräuter und Gewürze ohne Geschmacksverstärker und zusätzliche Rieselhilfen.

Das ist ihr besonders wichtig, denn wie Lebensmittel chemisch behandelt und manipuliert werden, hat sie in ihrem Berufsleben lange genug gesehen. »Berghelden« hieß ihre erste erfolgreiche Mischung, ein Salz mit Quendel, Ysop, Bergbohnenkraut und vielen anderen Bergkräutern, und nach und nach kamen zahlreiche weitere Mischungen dazu, die sich zum Verfeinern von Suppen, Salaten und Aufstrichen eignen. Besonders stolz ist sie auf ihre »Echte Gmias-Supp'n«, eine Biogemüsebrühe, die auch ohne Geschmacksverstärker kräftig würzt. Inzwischen hat sie viele regionale Produkte ausfindig gemacht, von denen sie vorher nie gedacht hätte, dass es sie im Chiemgau gibt, wie zum Beispiel die Belugalinse, den Einkorn- und Urdinkelreis oder den Purpurweizen-Bulgur.

Auch fertige Mischungen wie Linsencurry stellt sie zusammen, die schnell eine gesunde Mahlzeit ergeben, wenn die Zeit mal knapp ist. Zum Sortiment gehören von Beginn an Badesalze mit Blüten und Kräutern, inzwischen aber auch Biotees, Kräuterbonbons und feine Würzmarinaden. Im Lager neben dem Laden stehen die Zutaten in Schachteln und großen Säcken und werden vor Ort gemischt und verpackt. Astrid Günther ist immer auf der Suche nach Landwirt*innen in der Umgebung oder im nahen Österreich, die biologisch anbauen und die sie durch ihren Vertrieb unterstützen kann.

Im Rahmen der Öko-Modellregion Waginger See – Rupertiwinkel hat sie eine Initiative gegründet, um mehr Landwirte zum Anbau von Biokräutern zu bewegen. Denn ein Biosiegel, wie sie es hat, gibt es nicht für Wildkräuter, und wenn sie noch so biologisch sind. Dafür muss der Anbau kontrolliert sein. Kein einfaches Unterfangen, sagt die Unternehmensgründerin, die dafür auch schon Preise gewonnen hat. Aber Schritt für Schritt vergrößert sich das Sortiment und damit auch der Genuss. Sobald es die Situation erlaubt, gibt es auch wieder Verkostungen in ihrem Laden.

Dann kommt Bettina Edmeier mit ihren Broten vorbei, mit einem Lebenskeim-, Hildegard- oder ihrem Eiweißbrot, das mit Lupinen und Fenchel gebacken wird. Darauf schmecken die kräutrigen Aufstriche mit den Gewürzen von Astrid Günther besonders gut. Die Backstube ist nur ein paar Kilometer entfernt, mitten auf dem Land, wo man alles andere als eine Bäckerei vermuten würde. Bis die Mühldorferin hier gelandet ist, war es ein weiter Weg. Der führte von der Lehre in einer konventionellen Bäckerei über die Beschäftigung mit der Bio-Vollwert-Bäckerei und einer Zwischenstation als Bäckermeisterin auf einem Kreuzfahrtschiff schließlich auf der Suche nach dem Sinn des Lebens nach Indien. Überraschenderweise fand sie den Lebenssinn dann nach ihrer Rückkehr ausgerechnet im Chiemgau.

Als sie hörte, da gäbe es jemanden, der Brot ohne Mehl bäckt, dachte sie erst mal: »So ein Schmarrn«, aber die Neugier war geweckt, und inzwischen gehört sie zu den ganz wenigen, die dieses Handwerk beherrschen, »aus der eigenen Kraft des Korns Brot herzustellen«, wie sie es nennt. In dem Raum, in dem die Urdinkelkörner in der Keimwanne liegen, ist es schön warm. Dort wird das Getreide vierundzwanzig Stunden in energetisiertem Wasser eingeweicht und immer wieder gespült, damit auch jedes einzelne Korn genügend Wasser erwischt. Anschließend kommt das angekeimte Getreide in einen Cutter und wird dort zu einem feuchten Brei verarbeitet, der wie jeder andere Brotteig auch geknetet wird.

Mit Meersalz und Naturbackferment vermischt, muss er einige Stunden in den Gärraum, bevor Brote daraus geformt werden, die wiederum viele Stunden ruhen, bevor sie in den Ofen geschoben werden. »Durch das Keimen wird das Korn aufgeschlossen, und der Körper kann die wertvollen Inhaltstoffe besser aufnehmen«, sagt Bettina Edmeier und fügt hinzu: »Außerdem sind die Keimbrote glutenarm, eiweißhaltiger und sättigender als andere Brote.« Kompakt sind sie und geschmacksintensiv, denn als Getreidebasis verwendet Bettina Edmeier hauptsächlich Urdinkel in Demeterqualität, »weil der Körper das am besten verträgt und das Urgetreide weniger Gluten hat als Weizen«, erklärt die Bäckerin. Aus diesem »Ur-Teig«, dem, »Mamabrot«, wie sie es nennt, hat sie alle anderen Brote entwickelt.

Besonders stolz ist sie auch auf ihr Brot aus Lichtkornroggen. Überhaupt aus Roggen ein »normales« Vollkornbrot herzustellen, ist schon eine Kunst und fast ein Ding der Unmöglichkeit, es aus nicht gemahlenem Getreide zustande zu bringen, aber auch das hat sie geschafft. Bettinas Keimbrote werden von dem Miniweiler Baumham aus in die gesamte Republik verschickt, in Reformhäuser, Naturkostläden und auch an Privatkunden.

Aber es wäre nicht Bettina Edmeier, wenn ihr das Brotbacken genügen würde. Die Bäckermeisterin ist Mitglied im Verein »Freie Bäcker«, der sich unter anderem für die Erhaltung des Bodens einsetzt, unterstützt die Ideen von »Slow Food«, und sie ist Ernährungs-, Mental- und Bewegungsberaterin – also immer in Aktion.

DIE LEBENSKRAFT DES KEIMLINGS

In Bettinas Keimbackstube werden gekeimter Biodinkel und andere gekeimte Saaten wie Sonnenblumenkerne, Leinsamen, Hirse etc. verarbeitet. Dies hat mehrere Gründe:

Durch das Einweichen und die mehrfachen Wasserspülungen wird aus dem Korn bzw. den Saaten die Phytinsäure weitgehend entfernt. Diese ist ein natürlicher Fressschutz und fungiert als Enzymblocker. Enzyme wiederum steuern im menschlichen Körper eine Vielzahl von Stoffwechselprozessen. Ohne Phytinsäure werden Getreide und Saaten deutlich besser resorbiert und verdaut.

Phytinsäure bindet Mineralien und unterstützt die Assimilation im Darm!

Durch Wasser, Wärme und Licht werden Getreide und Saaten zum Leben erweckt und beginnen zu keimen. Dadurch setzt sich ein Wunder der Natur in Gang. Natürliche Umwandlungsprozesse machen dabei aus Korn bzw. Saaten richtige Vitalpakete, die wir nutzen können.

Beim Keimvorgang wird Stärke abgebaut und in Protein umgewandelt. Der Proteingehalt wird dabei fast verdoppelt. Dies erleichtert es z. B. Veganern und Vegetariern, ihren täglichen Proteinbedarf zu decken.

Darüber hinaus wird beim Keimvorgang die Menge der im Korn bzw. den Saaten enthaltenen Enzyme vervielfacht. Dies wiederum ist sehr vorteilhaft für viele unserer Stoffwechselprozesse.

Keimlinge enthalten darüber hinaus viele Mineralien und Spurenelemente, da im Gegensatz zu Weißmehlprodukten der Spelz nicht entfernt wird, in dem diese Stoffe im Wesentlichen enthalten sind.

Die Kombination aus erhöhtem Proteingehalt, erhöhtem Enzymgehalt und hohem Gehalt an Mineralien und Spurenelementen macht dieses Brot zu einem gesunden Kraftpaket.

BOARISCHER KARTOFFELKAS

Für 4 Personen
Zubereitungszeit: ca. 30 Minuten

FÜR DEN BOARISCHEN KARTOFFELKAS

400 g vorwiegend festkochende Kartoffeln
Steinsalz
½ TL Kümmelsaat
1 Zwiebel
2 EL Butter
200 g Sauerrahm
4 EL Nussbutter
2 EL Schnittlauchröllchen
2–3 gestr. EL Gewürzsalz »Chiemgauer Almbrotzeit«

ZUM ANRICHTEN

Röstzwiebeln

BOARISCHER KARTOFFELKAS:

Die Kartoffeln gründlich waschen und in Salzwasser mit der Kümmelsaat weichkochen. Das Wasser abgießen, die Kartoffeln möglichst heiß schälen und durch eine Kartoffelpresse in eine Schüssel drücken. Die Zwiebeln abziehen und in kleine Würfel schneiden. Die Butter in einer Pfanne erhitzen und die Zwiebeln langsam bei geringer Hitze gleichmäßig hell bräunen. Dann zusammen mit dem Sauerrahm zu den Kartoffeln geben und alles gut verrühren. Abschließend die Nussbutter, die Schnittlauchröllchen und das Gewürzsalz unterheben.

ANRICHTEN:

Den Kartoffelkas in eine Schale abfüllen und mit den Röstzwiebeln garnieren.

PIKANTER LINSENSALAT

Für 4 Personen
Zubereitungszeit: ca. 45 Minuten

FÜR DEN PIKANTEN LINSENSALAT

1 orientalisches Bio-Linsencurry (Chiemgauer Genussmanufaktur)
1 Schalotte oder Frühlingszwiebel
1 rote oder gelbe Paprikaschote
2 mittelgroße Tomaten
½ Bund glatte Petersilie
50 ml Wildkräuter-Balsamessig »Holunderblüten«
20 ml neutrales Pflanzenöl
Steinsalz
frisch gemahlener schwarzer Pfeffer

FÜR DEN JOGHURTDIP

1–2 Zehen Knoblauch
150 g Naturjoghurt (3,8 % Fettgehalt)
½ Zitrone

ZUM ANRICHTEN

knuspriges Weißbrot oder Fladenbrot mit Schwarzkümmel

PIKANTER LINSENSALAT:

Das Bio-Linsencurry mit 500 ml Wasser im Topf aufkochen lassen. Mit geschlossenem Deckel auf mittlerer Hitze für 25–30 Minuten köcheln lassen. Anschließend die restliche Flüssigkeit abgießen und die Linsen erkalten lassen. Die Schalotte abziehen und in feine Ringe schneiden. Die Paprikaschote waschen und entkernen. Die Paprika und die Tomaten in mundgerechte Stücke schneiden. Zwiebeln, Paprika und Tomaten unter die Linsen mischen. Etwas Essig und Öl unterrühren und mit Salz und Pfeffer würzen.

JOGHURTDIP:

Den Knoblauch abziehen und durch eine Knoblauchpresse drücken. Den Knoblauch mit dem Joghurt und etwas Zitronensaft mischen. Vor dem Servieren etwas durchziehen lassen.

ANRICHTEN:

Den Linsensalat auf die Teller verteilen und etwas Joghurtdip daneben anrichten. Das gewünschte Brot dazu servieren.

TIPP:

Für eine vegane Variante den Naturjoghurt durch ein entsprechendes Alternativprodukt auf Basis von z. B. Soja ersetzen.

LEBENSKEIMBROT

Für 3 Brote à 600 g
Zubereitungszeit: ca. 90 Minuten plus 2–3 Tage Ruhezeit

FÜR DAS LEBENSKEIMBROT

1000 g keimfähiger Dinkel (ergibt ca. 1500 g gekeimter Dinkel)
ca. 300 g energetisiertes Wasser
20 g Salz
10 g Hefe
70 g Sonnenblumenkerne

LEBENSKEIMBROT:
Den Dinkel in einer großen Schüssel mit der 3-fachen Menge Wasser 24 Stunden einweichen. Dabei darauf achten, dass die Umgebungstemperatur bei 15 °C bleibt. Nach jeweils 8 Stunden den Dinkel in ein Sieb gießen, abspülen, wieder in die Schüssel geben und erneut die 3-fache Menge Wasser darüber gießen. Nach den 24 Stunden das Getreide erneut durch ein Sieb gießen und bei Raumtemperatur zum Keimen 1–2 Tage stehen lassen. Das dann angekeimte Getreide entweder mit etwas energetisiertem Wasser durch einen Fleischwolf drehen oder mit etwas energetisiertem Wasser in einem Standmixer weiterverarbeiten. Es sollte eine weiche geschmeidige Masse entstehen. Diese in eine Schüssel umfüllen und mit dem Salz, der Hefe und den Sonnenblumenkernen zu einem homogenen Teig kneten, dabei so viel energetisiertes Wasser zugeben wie nötig ist, um einen sehr weichen Teig zu erhalten. Den Teig dann in Backformen (600 ml) abfüllen. Die Endgare benötigt eine Ruhezeit von ca. 90 Minuten, bei einer Temperatur von 32 °C sowie einer Luftfeuchtigkeit von 85 %. Anschließend die Brotoberfläche leicht benetzen. Die Brote im auf 240 °C vorgeheizten Backofen (Ober-/Unterhitze) 10 Minuten backen. Dann die Temperatur auf 210 °C reduzieren und 40–50 Minuten fertigbacken. Während des Backvorgangs eine ofenfeste Schale mit Wasser in den Backofen stellen. Die fertigen Brote ausdampfen lassen und aus der Form lösen.

PIONIERE MIT »SAVOIR VIVRE« – »AUERS SCHLOSSWIRTSCHAFT«

Aus der Küche duftet es exotisch und nach frischen Kräutern. Astrid Hilse liebt es, die verschiedenen Aromen zu kombinieren, mal würzt sie asiatisch, mal mediterran, mal orientalisch, bleibt dabei aber immer ihren bayerischen Wurzeln verbunden. Am liebsten kocht sie vegetarisch, aber natürlich gibt es auch Fleisch, allerdings nur von glücklichen Tieren, von Rindern, Wild, Geflügel, und Fisch. Den Schweinsbraten sucht man in Auers Schlosswirtschaft vergeblich auf der Karte.

Das stattliche Haus, man erkennt es an dem alten Türstock, hat eine lange Tradition, es soll bereits im 17. Jahrhundert hier ein Schankrecht gegeben haben. Belegt ist allerdings, dass 1875 ein gewisser Johann Auer eingeheiratet hat, der 1887 das »Auer Bräu« in Rosenheim gründete. Ein kleines Bild neben dem Eingang zeigt, wie die Gaststube vormals ausgesehen hat.

Bis sie ihr heutiges Gesicht erhielt, war es ein langer und nicht immer leichter Weg.

Vor über dreißig Jahren übernahmen vier engagierte junge Leute die ziemlich heruntergekommene Wirtschaft, die so gar nichts von einem Schloss hatte, mit zugehörigem Saal und machten sich ans Renovieren. Leicht vorstellbar, dass sie von der Dorfgemeinschaft für ihre Absicht, ein vegetarisches Restaurant zu eröffnen, belächelt wurden und man sie als »die Kerndlfresser von da unten« bezeichnete. Die ganze Unternehmung war die reinste »Selbstausbeutung«, erinnert sich Astrid Hilse heute, und manchmal wussten sie nicht, wie es weitergehen sollte. Das Engagement war groß, aber die Zeit noch nicht reif für eine rein vegetarische Küche. So blieben schließlich von den vieren nur noch zwei übrig, Astrid Hilse in der Küche, und der gebürtige Elsässer Christian Conrad, der mit französischem Charme den Service leitet

Ziegenkäse. Ihr gehen die Ideen nicht aus, und manchmal, sagt die Küchenchefin, bringt sie ihre Mitarbeiterinnen und den Service zur Verzweiflung, wenn sie die Karte bis zur letzten Minute umschreibt.

Neben dem Restaurant befindet sich noch ein Saal, in dem früher Kabarettabende, Lesungen und Konzerte stattfanden. Die kulturellen Aktivitäten sind allerdings coronabedingt eingeschlafen, und ob sie noch einmal auferstehen, steht aktuell noch in den Sternen.

PERLE IM INNTAL

Der Markt Neubeuern ist ein wahres Kleinod. Von einem Schloss überragt, besitzt er einen malerischen Ortskern mit Erker- und Lüftlmalerei, reich verzierten Häusern und einem kleinen Marktplatz mit Brunnen. Bevor man in Auers Schlosswirtschaft einkehrt, oder auch nach einem Besuch, lohnt sich ein kleiner Rundgang.

und sich um die kleine, aber feine Weinauswahl kümmert und der auch für das »Savoir Vivre« zuständig ist.

Aus dem alten Wirtshaus haben die beiden ein stilsicher eingerichtetes Restaurant gemacht, mit blanken Holztischen und origineller Kunst an den weißen Wänden. Holzbänke und Holzdielen sorgen für Gemütlichkeit, und wenn der Holzofen bullert, wird es an kühlen Herbst- und Wintertagen so richtig heimelig in der Stube. Im Sommer können die Gäste bei romantischem Kerzenschein unter alten Kastanien und Linden ihr Essen im Biergarten genießen.

Inzwischen ist das Gasthaus am Fuß des Neubeurer Schlossbergs mit einem Bib Gourmand des Guide Michelin und zuletzt auch noch mit einem grünen Stern für besonders nachhaltige Küche ausgezeichnet. Astrid Hilses Steckenpferd ist noch immer die vegetarische Küche, und die kreative Küchenchefin versteht sich auch längst auf delikate vegane Gerichte. Fleisch muss sein in Bayern, sagt die Quereinsteigerin, aber nur von Tieren, die ein gutes Leben hatten. Zum Zerlegen von Wild, das sie nur von einheimischen Jägern bezieht, holt sie sich männliche Unterstützung. Ansonsten ist in der Küche Frauenpower angesagt. Am liebsten überrascht Astrid Hilse ihre Gäste mit Gerichten, »die man zu Hause nicht macht«, sagt sie und denkt dabei an Currys mit selbst gemachten Würzpasten oder ausgefallene Beilagen, wie zum Beispiel Mandel-Gries-Soufflé zur Entenbrust oder Spargel-Ratatouille zum gebratenen

MEERRETTICH-CREMESUPPE MIT RÄUCHERFISCH

Für 4 Personen
Zubereitungszeit: ca. 30 Minuten

FÜR DIE MEERRETTICH-CREMESUPPE MIT RÄUCHERFISCH

3 Stangen Staudensellerie
1 Schalotte
1 dünne Stange Lauch
1 frisch geräucherte Forelle
1 l Gemüsebrühe
200 g mehligkochende Kartoffeln
1 EL Rapsöl
Salz
frisch gemahlener schwarzer Pfeffer
250 ml flüssige Sahne
Wermut (z. B. Noilly Prat)
weißer Balsamicoessig
Tabasco
frisch geriebener Meerrettich

ZUM ANRICHTEN

frischer Meerrettich

MEERRETTICH-CREMESUPPE MIT RÄUCHERFISCH

Den Staudensellerie putzen. 1 Stange mit einem Sparschäler in sehr feine Streifen schneiden, in kaltes Wasser einlegen und als Garnitur beiseitestellen. Die restlichen Stangen fein würfeln. Die Schalotte abziehen und fein würfeln. Die weißen Anteile vom Lauch fein würfeln. Die Forelle häuten, filetieren und die Filets warmstellen. Die Fischreste (Kopf, Gräten und Haut) in einen Topf geben, die Gemüsebrühe aufgießen und einmal aufkochen. Die Suppe durch ein feines Sieb gießen. Die Kartoffeln schälen und fein reiben. Das Öl erhitzen und die Schalotten- und Gemüsewürfel anbraten. Mit der Suppe aufgießen, die Kartoffeln untermischen und mit Salz und Pfeffer würzen. Die Suppe etwa 10 Minuten köcheln lassen. Dann die Sahne unterrühren und erneut aufkochen. Anschließend die Suppe mit einem Stabmixer fein pürieren. Mit einem Schuss Wermut, Essig und Tabasco würzen. Vor dem Servieren nach Geschmack frisch geriebenen Meerrettich untermischen.

ANRICHTEN:

Die Suppe auf die vorgewärmten Teller verteilen und die warmen Fischstücke darauf anrichten. Mit Meerrettichraspeln und den gut abgetropften Selleriestreifen garnieren.

CURRYPASTE

Für ca. 150 g Currypaste

FÜR DIE CURRYPASTE
4 Schalotten
4 Zehen Knoblauch
2 rote Chilischoten
2 Stängel Zitronengras
ca. 30 g frischen Ingwer
15 g frische Kurkuma
1 großer Bund Koriander
ca. 100 ml Sojasauce
3 EL neutrales Pflanzenöl
1 gestr. TL Bockshornklee
Gemüsebrühe oder Wasser (nach Bedarf)

CURRYPASTE:
Die Schalotten und den Knoblauch abziehen. Die Chilischoten putzen und nach Wunsch entkernen. Alle Zutaten grob zerkleinern und in einen Standmixer umfüllen. Alles zusammen zu einer feinen Paste mixen. Gegebenenfalls etwas Gemüsebrühe oder Wasser angießen, falls die Paste zu fest ist. Die Paste in einen Topf umfüllen und unter Rühren einmal aufkochen. Anschließend in gut verschließbare Gläser umfüllen und im Kühlschrank aufbewahren. Die Currypaste kann im Kühlschrank bis zu einer Woche aufbewahrt werden. Für eine längere Aufbewahrung kann sie auch eingefroren werden.

LANDGURKEN-KOKOS-CURRY MIT ZITRONEN-BASMATIREIS

Für 4 Personen
Zubereitungszeit: ca. 30 Minuten

FÜR DEN ZITRONEN-BASMATIREIS
1 unbehandelte Zitrone
250 g Basmatireis
10 g frisch geriebene Kurkuma
Salz
Zucker

FÜR DAS LANDGURKEN-KOKOSCURRY MIT ZITRONEN-BASMATIREIS
1 kg Schmorgurken
1 Bund Frühlingszwiebeln
30 g Ingwer
2 Zehen Knoblauch
1 EL Kokosöl
400 ml cremige Kokosmilch
2–3 TL grüne Currypaste oder hausgemachte Currypaste (siehe links)
250 ml Gemüsebrühe
frisch gemahlener grüner Pfeffer
1 unbehandelte Limette
1 Bund Koriander

ZUM ANRICHTEN
Kokosnusschips

ZITRONEN-BASMATIREIS:
Die Zitrone heiß abwaschen und gut abtrocknen. Dann die Schale fein abreiben und den Saft auspressen. Den Reis in ein Sieb geben und mit kaltem Wasser abbrausen. In einen Topf umfüllen und 600 ml Wasser aufgießen. Mit dem Saft und dem Schalenabrieb der Zitrone, der Kurkuma, einer Prise Zucker und Salz würzen und aufkochen. Anschließend bei aufgelegtem Deckel etwa 15 Minuten bei niedriger Temperatur quellen lassen.

LANDGURKEN-KOKOS-CURRY:
Die Gurken schälen, längs halbieren und die Kerne entfernen. Dann in etwa 2 cm große Stücke schneiden. Die Frühlingszwiebeln putzen und die weißen und hellgrünen Anteile in etwa 2 cm breite Ringe, die dunkelgrünen Anteile in feine Ringe schneiden und als Garnitur beiseitelegen. Den Ingwer abschaben und den Knoblauch abziehen und beide fein würfeln. Das Kokosöl in einer Pfanne erhitzen und die Gurken und die hellen Frühlingszwiebelstücke anbraten. Den Ingwer und den Knoblauch zugeben und ebenfalls einige Minuten anbraten. Mit der Kokosmilch ablöschen, die Currypaste unterrühren und die Gemüsebrühe aufgießen. Alles gut vermischen und etwa 15 Minuten leicht köcheln lassen. Die Gurken sollten glasig, aber noch bissfest sein. Die Limette heiß abwaschen und gut abtrocknen. Dann die Schale fein abreiben und den Saft auspressen. Das Curry mit etwas Abrieb und Saft der Limette und grünem Pfeffer würzen. Den Koriander waschen, gut trocken schütteln, fein hacken und vor dem Servieren unter das Curry mischen.

ANRICHTEN:
Den Reis auf die vorgewärmten Teller verteilen und das Landgurken-Kokoscurry daneben anrichten. Mit Kokosnusschips und den Frühlingszwiebelringen garnieren.

DORFWIRTSHAUS MIT GESCHICHTE – DAS »GASTHAUS UNTERWIRT«

Die Fridolfinger können stolz sein, denn sie besitzen nicht nur die größte Dorfkirche Deutschlands, vierundsechzig Meter lang, einundzwanzig Meter breit, mit einem fünfundsechzig Meter hohen Turm, im Volksmund auch »Salzachdom« genannt, sondern auch noch ein prächtiges Dorfwirtshaus. Das massive Gebäude aus dem 16. Jahrhundert, mit einer auffallend breiten Straßenfront, wird bereits im 17. Jahrhundert als »Untere Taverne« erwähnt. Tafernwirtschaften hatten das Recht, nicht nur Getränke auszuschenken, sondern auch Speisen und Beherbergung anzubieten. Im Laufe der Jahrhunderte hat das Wirtshaus gute und schlechte Zeiten gesehen und überstanden. Zu Beginn des zweiten Jahrtausends war das historische Gemäuer allerdings in bedauernswertem Zustand. Ein Brand hatte es so verwüstet, dass sogar der Denkmalschutz den »Unterwirt« zum Abbruch freigab. Aber da trat Vito auf den Plan. Vito Calabretta, Italiener, weder Wirt noch Koch, war besessen von der Idee, das Wirtshaus als gesellschaftlichen und sozialen Mittelpunkt des Dorflebens zu erhalten. Gemeinsam mit seiner Lebensgefährtin Anneliese Kiermaier kaufte und sanierte er das alte Haus und ließ es in neuer Schönheit auferstehen: schlicht, schnörkellos und doch mit einem außergewöhnlichen Gespür für Formen und Materialien. Aber, das Schicksal wollte es so, die Eröffnung seines Gasthauses erlebte Vito Calabretta nicht mehr mit.

Der »Unterwirt« stand in neuer Pracht, aber geschlossen in der Dorfmitte, als Bernd Weinhart das Gasthaus auf einer Motorradtour entdeckte. Es war genau das, wovon er und seine Frau Margit träumten, ein Haus mit Seele. Nach vielen Berufsjahren in großen Betrieben wünschte sich der erfahrene Koch und Gastronom einfach nur

noch eine Wirtstube, die wie ein Wohnzimmer sein sollte. Und der »Unterwirt« entsprach haargenau seinen Vorstellungen. Die Wände sind schlicht weiß, der massive Eichenboden sorgt für eine warme Atmosphäre, im Winter brennt das Feuer im Kamin, und ein kleiner Felsenkeller ist der ideale Ort für ein Candlelight-Dinner oder eine kleine Familienfeier. Vierzig Plätze hat das Restaurant und sechzig der Biergarten, in dem zwei Kastanien und eine uralte Rotbuche Schatten spenden. In der Gaststube gleicht kein Stuhl dem anderen, aber auf jedem fühlt man sich wohl, wenn das köstlich duftende Essen auf den blanken Holztisch kommt: Backerl vom Strohschwein zum Beispiel, in würziger Sauce mit hausgemachten Kartoffelgnocchi. Das Strohschwein bevorzugt der Küchenchef, weil es ein besseres und artgerechteres Leben führen darf. Er ist kein »Tellermaler«, sagt Bernd Weinhart, ihm ist Geschmack wichtiger als die Optik. Er ist auch kein Bioverfechter, obwohl viele seiner Produkte aus biologischem Anbau stammen. Nein, wichtig sind ihm Qualität und Regionalität. Regionalität endet für ihn allerdings nicht an der bayerisch-österreichischen Grenze, sondern sie reicht bis zum Mittelmeer. Von dort und aus Österreich holt er sich die besten Produkte für seine bayerisch-mediterranen Gerichte, die auch eine kleine Reminiszenz an Vito, den Retter des Gasthofs sind. Bernd Weinhart ist in seiner Küche Chef, Sous-Chef und Hilfskoch zugleich, mit anderen Worten, er kocht ganz alleine, während sich seine Frau Margit um den Service kümmert. »Alles eine Frage der Organisation«, sagt er und schreibt die Speisekarte täglich neu. Denn Regionalität ist schwer planbar. Er nimmt das, was Jäger, Fischer oder Bauern im Angebot haben beziehungsweise was er im Salzburger Großmarkt gerade entdeckt. Kompromisslos ist Bernd Weinhart, wenn es um Frische geht: In seiner Küche gibt es weder Fertigprodukte noch Zusatzstoffe oder Geschmacksverstärker, auf die ist der Chef nämlich selbst allergisch. Im ersten Stock des historischen Gebäudes befinden sich anstelle des früheren Saals heute vier komfortable Gästezimmer. Wer also den hervorragenden Weinen, die das Ehepaar Weinhart gerne selbst aus Südtirol, Norditalien oder Österreich importiert – nicht ohne sie getestet zu haben –, gut zugesprochen hat, muss nicht mehr ins Auto steigen, sondern kann einem herrlichen Tag im Rupertiwinkel entgegenschlummern.

SARDISCHE SPEZIALITÄT

Fregola, Fregola sarda, Fregola tostata oder Fregula nennt sich eine sardische Pastasorte, die aus Hartweizengrieß hergestellt wird. Die Fregola erinnert etwas an Couscous, man nennt sie deshalb manchmal auch sardischen Couscous, aber sie ist um einiges größer. Für die Fregola wird der Hartweizengries in Tonschüsseln gerollt, aber die Pastakügelchen werden nicht getrocknet, sondern im Ofen geröstet.

BACKERL VOM VORALPEN-STROHSCHWEIN SARDISCHE ART MIT FREGOLA SARDA

Für 4 Personen
Zubereitungszeit: ca. 60 Minuten

FÜR DIE BACKERL VOM VORALPEN-STROHSCHWEIN

200 g Zwiebeln
3 Zehen Knoblauch
800 g Schweinebäckchen vom Voralpen-Strohschwein
Salz
frisch gemahlener weißer Pfeffer
50 g Rapsöl
100 ml trockener, säurebetonter Weißwein (z. B. Riesling)
100 g geschälte, gewürfelte Tomaten (frisch oder Konserve)
50 g getrocknete Tomaten
50 g eingelegte, grüne Oliven (mit Stein)
2 Sardellen
3–4 Zweige Thymian
50 g in Essig eingelegte Kapern

FÜR DIE FREGOLA SARDA

250 g Fregola Sarda
Salz
1 EL Olivenöl
50 g Zwiebeln
50 g Butter
10 g gehackter Dill
20 g frisch geriebener Parmesan
frisch gemahlener weißer Pfeffer

ZUM ANRICHTEN

Thymianblüten (optional)

BACKERL VOM VORALPEN-STROHSCHWEIN:

Die Zwiebeln und den Knoblauch abziehen. Den Knoblauch in feine Scheiben, die Zwiebeln in 1 cm große Würfel schneiden. Die Schweinebäckchen parieren und mit Salz und Pfeffer würzen. Das Öl in einem Schmortopf erhitzen und die Schweinebäckchen von allen Seiten scharf anbraten. Das Fleisch herausnehmen und beiseitestellen. Anschließend erst den Knoblauch goldgelb anbraten, dann die Zwiebelwürfel zugeben und ebenfalls anbraten. Mit dem Weißwein ablöschen. Die Tomaten mit ihrem Saft, die getrockneten Tomaten, die Oliven, die Sardellen, die Kapern und den Thymian zugeben, alles aufkochen und die Röststoffe am Topfboden ablösen. Die Schweinebackerl in die Sauce legen, alles gut vermischen und abgedeckt ca. 45 Minuten leicht köcheln lassen, bis das Backenfleisch sehr weich ist. Vor dem Servieren die Sauce mit Salz und Pfeffer abschmecken.

FREGOLA SARDA:

Die Fregola in kochendem Salzwasser nach Packungsanweisungen ca. 7–8 Minuten kochen. Dann in ein Sieb gießen und dabei 50 ml des Kochwassers auffangen und beiseitestellen. Die Fregola ohne Abschrecken auf einem Blech ausbreiten und mit einem Esslöffel Olivenöl kalt rühren. Die Zwiebel abziehen und fein würfeln. Die Butter in einem Topf erhitzen und die Zwiebelwürfel anschwitzen. Mit dem aufgefangenen Kochwasser ablöschen und die abgekühlte Fregola untermischen. Die Fregola unter Rühren langsam erwärmen, bis sie zu glänzen beginnt. Dann den Dill und den Parmesan unterrühren und mit Salz und Pfeffer abschmecken.

ANRICHTEN:

Die Schweinebäckchen auf die vorgewärmten Teller verteilen und Sauce darübergeben. Die Fregola Sarda daneben anrichten. Mit den Thymianblüten garnieren.

TIPP:

Alternativ zur Fregola Sarda können auch Bulgur, Risoni oder andere, kleine Nudeln als Beilage gereicht werden.

VANILLEPARFAIT MIT HAUSGEMACHTEN AMARENAKIRSCHEN

Für ca. 4–6 Personen
Zubereitungszeit: ca. 60 Minuten plus 1 Woche Ruhezeit

FÜR DEN VANILLELÄUTERZUCKER
125 g Zucker
1 unbehandelte Vanilleschote

FÜR DIE AMARENAKIRSCHEN
500 g frische Schattenmorellen
6 Tropfen Bittermandelöl
250 g Zucker
2 EL Amaretto (optional)

FÜR DAS VANILLEPARFAIT
125 ml Vanilleläuterzucker
3 Eier
1 Prise Salz
250 ml flüssige Sahne (Fettgehalt 36 % Fett)

VANILLELÄUTERZUCKER:
Für den Vanilleläuterzucker den Zucker in eine Schüssel geben. Die Vanilleschote mit dem Messer in 2 mm lange Stücke schneiden und unter den Zucker rühren. Diese Mischung etwa 1 Woche verschlossen an einem trockenen Ort durchziehen lassen.
Dann die Mischung in einem Standmixer gegebenenfalls portionsweise und mehrmals zu einem sehr feinen Pulver mixen. Anschließend das Pulver im Verhältnis 1:1 mit Wasser in einem Topf aufkochen. Nach dem Abkühlen kann die Mischung als Vanilleläuterzucker verwendet werden. Den Vanilleläuterzucker in Flaschen abfüllen. Gut verschlossen im Kühlschrank ist er einige Wochen haltbar.

AMARENAKIRSCHEN:
Die Kirschen waschen, entsteinen und in eine Schüssel füllen. Das Bittermandelöl und den Zucker zugeben und gut vermischen. Die Kirschen abgedeckt etwa 1 Woche im Kühlschrank durchziehen lassen, dabei täglich einmal umrühren. Die Amarenakirschen sind fertig, sobald sich der Zucker komplett aufgelöst hat. Sie können vor der Verwendung nach Wunsch noch mit dem Amaretto aromatisiert werden.

VANILLEPARFAIT:
Den Vanilleläuterzucker, die Eier und eine kleine Prise Salz in eine Metallschüssel geben und über einem heißen Wasserbad langsam schaumig-cremige aufschlagen, bis die Masse mindestens 75 °C hat (Zur Kontrolle bitte ein Küchenthermometer verwenden). Dann in Eiswasser kalt rühren. Die Sahne steif schlagen und vorsichtig unter die Eiermasse heben. Eine Kastenform oder kleine Dessertförmchen mit Frischhaltefolie auslegen, die Parfaitmasse einfüllen und glattstreichen. Das Parfait für mehrere Stunden in den Gefrierschrank stellen. Vor dem Servieren das Parfait rechtzeitig aus dem Gefrierschrank nehmen, damit es etwas antauen kann. Das Parfait aus der bzw. den Formen lösen und gegebenenfalls portionieren.

ANRICHTEN:
Das Parfait auf den Tellern platzieren und die Amarenakirschen daneben anrichten.

TIPP:
Für die tatsächlich benötigte Vanilleläuterzuckermenge 62,50 g Zucker und 62,50 ml Wasser verwenden. Das restliche Vanillezuckerpulver kann als Vanillezucker weiterverwendet werden.

STERNEKÜCHE TRIFFT REGIONALITÄT – »ES:SENZ«

Wenn ein Menü mit einer »Wolke« beginnt, kann das doch nur auf himmlische Genüsse hindeuten. Die »Wolke«, die Sternekoch Edip Sigl als Gruß aus der Küche schickt, ist ein Essig-Gelee-Bonbon mit Wurzelspeck, das in eine »Wolke« aus Zuckerwatte gehüllt ist. Das Bonbon verursacht eine Explosion am Gaumen, in der sich die süße Watte urplötzlich auflöst und nur noch als sanfter Widerhall den Mundraum füllt, einfach himmlisch!

Das Spiel mit Süße und Säure versteht der gebürtige Kölner, der sich im Münchner Restaurant »Les Deux« bereits zwei der begehrten Michelinsterne erkocht hat und den es jetzt aufs Land hinausgezogen hat. Dort dauerte es weniger als ein Jahr, bis er wieder mit den begehrten zwei Sternen ausgezeichnet wurde. Allerdings, betont der Sternechef, ist das auch der Verdienst seines tollen Teams.

Der Sternekoch ist dem Ruf der Inhaber des Golfresorts »Das Achental« gefolgt und hat dort Ende Juni 2021 das Gourmetrestaurant »ES:SENZ« eröffnet. Der Name

steht nicht nur für seine Initialen, sondern auch für den Stil, den er hier pflegen will. Die Essenz seines Könnens und dessen, was die Umgebung hergibt, soll hier gebündelt werden, purer Geschmack, beste Produkte, Sterneküche und Regionalität. Der Anspruch ist hoch.

Zwei Menüs stehen zur Wahl: »Chiemgau pur« und »Chiemgau goes around the World«, denn ein Blick über den Tellerrand, aus dem Achental hinaus in die Welt, möchte bitte in einem Gourmetrestaurant erlaubt sein. Je nach Geschmack kann man sich auch seine eigene Tour durch die beiden Welten zusammenstellen. Extra für den Sternekoch wurde ein neues Restaurant geschaffen, mit elegantem Ambiente, das aber wie die Küche in seiner Materialität der Region verbunden bleibt. Viel Holz, dunkle Wände und ein ebenfalls dunkler Boden sorgen im hinteren Speisebereich für eine intime Atmosphäre. Hier kamen die Gäste früher in der rustikalen Weinstube des Hotels zusammen. Der lichte Teil ist ein neu angebauter Wintergarten, mit Blick in den Garten und auf die Berge. Hier sitzt man luftig, fast im Grünen, aber geschützt. Auf solides Handwerk und Regionalität wurde auch bei der Gestaltung Wert gelegt. Blickfang ist ein tonnenschwerer Marmor-Monolith, ansonsten hat man auf jede überflüssige Dekoration verzichtet, dafür aber großen Wert auf Details gelegt: hochwertige Möbel, Tischdecken und Geschirr, das in der Töpferei »Dørfkind« in Höslwang Stück für Stück von Hand angefertigt wurde.

Was Edip Sigl darauf serviert, hat, was sonst, Sterneniveau, ohne allerdings den Gaumen mit allzu vielen Geschmäcken und Texturen zu überfrachten. Ein Macaron von der Chiemseerenke mit weißer Zwiebel und Sauerrahm zergeht hauchzart auf der Zunge. Das hausgemachte Brot aus regionalem Mehl bekommt eine eigene Inszenierung: frische Almbutter und »Chiemgaukiesel« aus Räucheraal und Essigsud, ein Zauberwerk aus der Molekularküche, werden dazu gereicht. Die Kiesel zerplatzen im Mund und entfalten einen überraschend kräftigen Fischgeschmack. Immer wieder zeigt sich die Verbundenheit mit der Region, in Gerichten wie dem »Chiemgauer Kräutergarten« oder einem Mosaik von der Chiemseerenke mit Liebstöckelpulver auf Salatpüree oder dem Reh vom Chiemgauer Jäger mit Selleriepüree und Wacholderjus.

Auch die Desserts fallen heimatverbunden und saisonal aus: Erdbeeren in Holunder-Essenz mit Zitronenschaum, und gebrannte Milchhaut mit Stachelbeere oder Löwenzahnhonig und Sauerrahmeis sind nur einige Beispiele. Der Einfallsreichtum von Edip Sigl wird den Besucherinnen und Besuchern des 4-Sterne-Golfresorts sicher noch viele überraschende kulinarische Momente bereiten.

DAS ACHENTAL

Das Tal, in dem bekannte Urlaubsorte wie Grassau oder Marquartstein liegen, öffnet sich zum See hin, und in der Hirschauer Bucht nahe Grabenstätt fließt die Tiroler Ache in den Chiemsee. Sie bringt so viel Kies und Geröll mit, dass es das Bayerische Meer irgendwann nicht mehr geben wird. Täglich schafft sie etwa hundert LKW-Ladungen Kies und Schlamm heran, und wenn es so weitergeht, bleiben dem Chiemsee nur noch achttausend Jahre, bis er ganz verschwunden ist. Das Delta der Ache ist ein ausgedehntes Naturschutzgebiet mit seltenen Vogel- und Pflanzenarten.

Aber das Achental ist nicht nur Naturreservat, es ist auch die zweite Öko-Modellregion im Chiemgau, in der regionale Produkte im Fokus stehen, von Milch über Fleisch bis zu Obst und Honig kann alles bei den Erzeugern direkt oder auf den regionalen Wochenmärkten in der Umgebung erworben werden.

FORELLE GEBEIZT | SALATHERZ | GURKE | BUTTERMILCH | EIGENER KAVIAR

Für 4 Personen
Zubereitungszeit: ca. 90 Minuten plus mehrere Stunden Ruhe- bzw. Trocknungszeit

FÜR DEN LIEBSTÖCKELSTAUB
1 Bund Liebstöckel

FÜR DAS KRÄUTERÖL
1 Bund Kräuter (z. B. Schnittlauch, Petersilie etc.)
500 ml Olivenöl

FÜR DIE SALATMOUSSE
4 Romanasalatherzen
3 Schalotten
2 EL Olivenöl
ca. 500 ml Gemüsebrühe
1 EL Essig
350 g flüssige Sahne
5,5 g Agar-Agar

FÜR DIE GEBEIZTE FORELLE
500 g Zucker
500 g Salz
20 Wacholderbeeren
2 Zweige Rosmarin
2 Forellen (à 400–500 g)
Liebstöckelstaub (s. o.)

FÜR DIE BUTTERMILCHSAUCE
500 ml Buttermilch
etwas Kräuteröl (s. o.)
Salz
heller Essig

ZUM ANRICHTEN
eingelegte Gurkenwürfel
Forellenkaviar
roh marinierte Salatherzen
essbare Blüten
Kresse

LIEBSTÖCKELSTAUB:
Den Liebstöckel waschen, trocken schütteln, im Dörrautomaten oder im Backofen trocknen und mahlen. Alternativ getrockneten Liebstöckel verwenden.

KRÄUTERÖL:
Die Kräuter waschen und gut trocken schütteln. Dann gemeinsam mit dem Öl in einen Standmixer füllen und fein pürieren. Das Kräuteröl durch ein feines Sieb passieren und in eine Flasche abfüllen.

SALATMOUSSE:
Die Romanasalatherzen waschen und trocken schleudern. Die Schalotten abziehen und fein hacken. Das Öl in einer Pfanne erhitzen und die Schalotten und die Salatherzen anschwitzen. Anschließend mit der Gemüsebrühe ablöschen und etwas köcheln lassen. Das Ganze dann in einen Standmixer umfüllen und fein pürieren. Die Masse durch ein feines Sieb streichen und wieder in den Topf gießen. Die Sahne steif schlagen. Das Agar-Agar unter die Salatmasse rühren und aufkochen. Die Sahne unter die heiße Salatmasse ziehen, alles 3 cm hoch in eine flache Form mit Rand gießen und erkalten lassen. Vor dem Servieren für dekorative Halbmondformen mit einen runden Ausstecher (ca. 7–8 cm Durchmesser) doppelt ausstechen.

GEBEIZTE FORELLE:
Den Zucker, das Salz, die Wacholderbeeren und den Rosmarin in einem Sandmixer zerkleinern und die Beize in einer Schale ausbreiten. Die Forellen filetieren und enthäuten. Die Filets für 20 Minuten in die Beize legen. Anschließend die Reste der Beize gut abwaschen und trocken tupfen. Die Forellenfilets mit Liebstöckelstaub stauben und einzeln erst in Frischhaltefolie, dann in Aluminiumfolie zu einer festen Rolle aufwickeln. Die Päckchen in einem auf 45 °C temperierten Wasserbad 10 Minuten pochieren. Die Päckchen anschließend 10 Minuten in Eiswasser abkühlen. Vor dem Servieren aus der Verpackung wickeln.

BUTTERMILCHSAUCE:
Buttermilch mit dem Kräuteröl leicht verrühren und mit Salz und etwas Essig abschmecken.

ANRICHTEN:
Die Salatmoussehalbmonde mit der konkaven Seite nach unten mittig, leicht versetzt nach oben auf die Teller legen. Die Forellenrolle in die konkave Seite des Halbmonds einpassen. Das Gericht mit den Gurkenwürfeln, dem Forellenkaviar, den Salatherzen, den Blüten und Kresse garnieren. Die Buttermilchsauce in einer separaten Schale dazu servieren.

REHRÜCKEN AUS HEIMISCHER JAGD | SELLERIE | APRIKOSE | WACHOLDER

Für 6 Personen
Zubereitungszeit: 45 Minuten plus 12 Stunden Ruhezeit

FÜR DIE APRIKOSEN

3 reife, aber noch feste Aprikosen
200 ml trockener Weißwein
30 ml Essig
200 ml Gemüsefond
100 g flüssiger Honig
Salz
frisch gemahlener schwarzer Pfeffer

FÜR DEN GRATINIERTEN REHRÜCKEN

200 g Zucker
2 Zweige Rosmarin
100 g Pinienkerne
100 g Butter
1 Toastbrotscheibe
200 g schwarze Oliven (ohne Stein)
1 Rehrücken (600–1000 g)
Salz
frisch gemahlener schwarzer Pfeffer
2 EL Butterschmalz

FÜR DIE WACHOLDERSAUCE

2 EL Butterschmalz
2 kg küchenfertige Rehknochen
500 g geputztes Wurzelgemüse (z. B. Zwiebel, Karotte, Knollensellerie)
2 EL Tomatenmark
500 ml trockener Rotwein
30 Wacholderbeeren
500 ml Rote Bete-Saft
Salz
frisch gemahlener schwarzer Pfeffer
Pfeilwurzelstärke (optional)

FÜR DAS SELLERIEPÜREE

2 mittelgroße Knollen Sellerie
200 ml Vollmilch
400 ml flüssige Sahne
Salz
frisch gemahlener schwarzer Pfeffer

ZUM ANRICHTEN

glasierter grüner Spargel
Selleriestroh
Aprikosengel
Kräuterstaub
Kresse
essbare Blüten

APRIKOSE:

Die Aprikosen auf der Blütenseite kreuzweise einritzen, blanchieren, in Eiswasser abschrecken und die Haut abziehen. Die Früchte dann halbieren und den Stein entfernen. Die restlichen Zutaten zu einem heißen, süß-sauren Sud aufkochen, die Aprikosenhälften darin einlegen und über Nacht durchziehen lassen.

GRATINIERTER REHRÜCKEN:

Den Zucker in einer Pfanne ausbreiten und diese langsam erhitzen, bis sich der Zucker aufgelöst hat und karamellisiert ist. Das Karamell abkühlen lassen. Den Rosmarin waschen, trocken schütteln und die Nadeln abzupfen. Anschließend das Karamell, die Rosmarinnadeln, die Pinienkerne, die Butter, die Toastbrotscheibe und die Oliven in einem Standmixer zu einer Paste mixen. Die Paste in eine verschließbare Schale abfüllen und kaltstellen.
Den Rehrücken parieren und mit Salz und Pfeffer würzen. Das Butterschmalz in einem Bräter erhitzen und den Rehrücken darin von allen Seiten gut anbraten. Anschließend im auf 150 °C vorgeheizten Backofen (Ober-/Unterhitze) 5 Minuten braten und danach ca. 15 Minuten ruhen lassen. Vor dem Servieren den Rehrücken noch einmal in heißem Butterschmalz nachbraten und mit der Buttermischung bedecken. Den Rehrücken anschließend im Backofen (Grillstufe) 4–5 Minuten gratinieren. Vor dem Servieren tranchieren.

WACHOLDERSAUCE:

Das Butterschmalz in einem großen Topf erhitzen und die Rehknochen zusammen mit dem Wurzelgemüse gut anrösten. Dann das Tomatenmark zugeben und ebenfalls anrösten. Mit dem Rotwein ablöschen. Anschließend die Wacholderbeeren und den Rote-Bete-Saft zugeben. Die Flüssigkeit um etwa die Hälfte reduzieren und die Sauce danach durch ein feines Sieb passieren. Die Sauce wieder in den Topf gießen und mit Salz und Pfeffer abschmecken. Nach Wunsch kann die Sauce mit etwas Pfeilwurzelstärke gebunden werden.

SELLERIEPÜREE:

Den Sellerie schälen, in gleich große Würfel schneiden und mit der Milch und der Sahne weichkochen. Das Ganze dann in eine Standmixer umfüllen und zu einem feinen Püree mixen. Mit Salz und Pfeffer würzen, in einen Spritzbeutel abfüllen und warmhalten.

ANRICHTEN:

Das Selleriepüree an der linken oberen Tellerhälfte platzieren. Den grünen Spargel daran anliegend nach unten legen. Eine Aprikosenhälfte und eine Rehrückentranche danebenlegen. Etwas Wacholdersauce darübergeben. Den Teller mit Aprikosengel, Kräuterstaub, Kresse und essbaren Blüten garnieren.

TIPP

Falls die Paste zum Gratinieren nicht komplett aufgebraucht wird, kann sie zwischen zwei Blätter Backpapier ausgerollt und im Tiefkühlfach aufbewahrt werden.

EIN DORFGASTHAUS MIT AMBITIONEN – »MICHAELS LEITENBERG«

Vor uns liegt die Bergkette der Chiemgauer Alpen, und man kann sich leicht vorstellen, wie die Ausflugsgäste hier im Biergarten saßen, die Aussicht genossen und dabei Riesenportionen Schweinebraten und Schnitzel verspeisten. Aber das war zu Wirtschaftswunderzeiten, damals war der Gasthof in dem kleinen Weiler Leitenberg ein beliebtes Ausflugslokal. Das ist lange her und eine andere Geschichte.

Heute pilgert ein ganz anderes Publikum auf den Moränenhügel bei Frasdorf. Die Gäste kommen zwar immer noch aus Rosenheim, München, Traunstein, Salzburg und allem, was dazwischenliegt, aber sie kommen, weil sie wissen oder gehört haben, dass da einer ist, der so gut kocht, dass er in vielen Gourmetführern erwähnt wird und der unlängst sogar mit einem der begehrten Michelinsterne ausgezeichnet wurde.

Michael Schlaipfer hat mit der Historie des Familiengasthauses und mit der bayerischen Wirtshaustradition radikal gebrochen und sich zu neuen Ufern aufgemacht. Mit zwanzig hat sich der junge Küchenchef hier selbstständig gemacht, und seither verfolgt er konsequent seinen Weg in gastronomische Höhen. Wo er hinwill? »Unter die Top hundert«, sagt er nicht unbescheiden.

Das alte Wirtshaus wurde von Grund auf umgemodelt, nur noch eine Nische mit einem großen Holztisch erinnert daran, dass hier früher der Stall des alten Bauernhauses war. Aber auch nur, weil der Hausherr erklärt: »Da waren die Kühe angehängt.« Er hat es verstanden, in seinem Restaurant verschiedene Räume und Nischen zu schaffen, die den Gästen ungestörten Genuss garantieren, egal, ob im lichtdurchfluteten Wintergarten oder im rustikaleren Nebenzimmer, in dem einst die Milch aufbewahrt wurde.

Michael Schlaipfer ist ein großer Fan der japanischen Küche, aus der er viele Ideen für seine eigenen Kreationen schöpft. Vor allem die Produktverliebtheit der Japaner, wie er es nennt, findet er imponierend und inspirierend. Regional, saisonal, gut und schön, sagt der gelernte Koch, sein Fokus liegt allein auf den Produkten und ihrer Qualität. Schlaipfer ist kein Anhänger von leisen Tönen und sanften Aromen, nein, sagt er, er geht »mit Trommeln und Trompeten an die Aromatik, da muss Wumms drin sein«. Das beginnt bei ihm mit der Auswahl der Grundprodukte wie Iberico-Schwein, Bressehuhn oder Fleisch von alten Kühen, die schon per se geschmacksintensiv sein müssen, und wird unterstrichen von Gewürzen und Umami-Marinaden u. a. aus der fernöstlichen Küche. Miso, Soja, Bonito-Algen, Dashi und Wasabi, das sind Zutaten, die aus seinem Aromenspektrum genauso wenig wegzudenken sind wie Austern, Kaviar und Trüffel. Es ist allerdings keineswegs eine asiatische Küche, die Michael Schlaipfer hier präsentiert, er spielt vielmehr mit den Aromen und Texturen und setzt sie nach seinen eigenen Vorstellungen ein, seine eigene Handschrift ist ihm wichtig.

Damit überzeugt er vor allem in seinen Menüs mit acht aufeinander abgestimmten Gängen. Aber er bietet auch eine kleine Tageskarte und die Möglichkeit, Gerichte aus dem Menü einzeln zu bestellen und zu probieren. Auch vegetarische Gerichte liegen dem Chiemgauer. Was immer wieder verlangt wird, sagt er, ist sein in der Salzkruste geschmorter Sellerie mit Selleriecreme, Trüffel und brauner Butter. Fisch bezieht er ab und zu aus dem Chiemsee, aber vor allem aus den Meeren dieser Welt. Sein absolutes Highlight, sein »Signature Dish«, sagt Michael Schlaipfer, ist der Rochenflügel aus der Bretagne mit Thai-Curry, Mango, grüner Pfefferpaste und Reiscracker.

Für eine entsprechende Weinauswahl ist natürlich auch gesorgt. Zweihundert Etiketten hat die Karte zu bieten, da dürfte für jeden Geschmack und Geldbeutel etwas dabei sein.

RENKENFILET | GURKE | WASABI | AVOCADO | AUSTER

Für 4 Personen
Zubereitungszeit: ca. 90 Minuten

FÜR DAS WASABISORBET
100 ml Gurkensaft
4 g Wasabipaste
20 ml Passionsfruchtmark
10 ml Yuzusaft
5 ml Sushi Essig
10 g Zucker
20 g Glukosepulver
2 g Salz
5 ml helle Sojasoße

FÜR DIE RENKENFILET
20 g Salz
10 g Zucker
1 Blatt Kafir-Limette
300 g Renkenfilet

FÜR DIE AVOCADOCREME
1 reife Avocado
Saft von 1 Zitrone
20 g Naturjoghurt (Fettgehalt 3,8 %)
5 g gemahlener Koriander
Salz
frisch gemahlener schwarzer Pfeffer

FÜR DAS GURKEN-DASHI
150 ml Gurkensaft
20 ml Yuzusaft
1 TL Dashi-Pulver
30 ml Passionsfruchtmark
20 g Zucker
Salz
1 g Xanthan

FÜR DIE GURKENPERLEN
½ Gurke

WASABISORBET:
Alle Zutaten miteinander verrühren und entsprechend den Herstellerangaben in einer Eismaschine ein cremiges Sorbet herstellen. Anschließend sofort weiterverwenden oder in einen verschließbaren Behälter abfüllen und einfrieren.

RENKENFILET:
100 ml Wasser mit dem Salz, dem Zucker und dem Limettenblatt einmal aufkochen. Die Beize dann abkühlen lassen. Anschließend das Fischfilet zusammen mit der Beize in Sous-Vide-Beutel füllen und vakuumieren. Das Fischfilet 1 Stunde beizen. Vor dem Servieren aus dem Beutel nehmen und abtropfen lassen.

AVOCADOCREME:
Die Avocado halbieren und den Stein entfernen. Das Fruchtfleisch auslösen und in einen Standmixer füllen. Die restlichen Zutaten zugeben und alles zu einer glatten Creme mixen. Mit Salz und Pfeffer abschmecken.

GURKEN-DASHI:
Alle Zutaten in einen Mixbecher geben und mit einem Stabmixer mixen.

GURKENPERLEN:
Aus einer halben Gurke mit dem Melonenausstecher Perlen ausstechen

ANRICHTEN:
Die Avocadocreme auf den Tellern ausstreichen und die Fischfilets darauf anrichten. Das Gurken-Dashi darüber träufeln und eine Kugel Wasabisorbet daneben setzen. Mit den Gurkenperlen garnieren.

TIPP:
Noch etwas exklusiver wird das Gericht, wenn statt der Renke Gelbschwanzmakrele verwendet wird.

LACHSFORELLE | JALAPENO | TOMATE | KORIANDER

Für 4 Personen
Zubereitungszeit: ca. 90 Minuten

FÜR DAS TOMATEN-GEL
300 g Tomaten
80 g Zucker
80 ml Sushi-Essig

FÜR DAS KORIANDERÖL
100 g Koriander
30 g glatte Petersilie
1 Zehe Knoblauch
1 Scheibe Ingwer
3 g Salz
100 ml Rapsöl

FÜR DIE GLASIERTEN JALAPEÑOS
2 Jalapeños
30 g Zucker
Saft von 1 Zitrone

FÜR DEN JALAPEÑO-FOND
200 ml Dashi
200 ml entsaftete Kirschtomaten
1 TL Jalapeño-Sauce
30 ml Sushi-Essig
20 ml helle Sojasauce

FÜR DIE LACHSFORELLE
10 g Salz
4 Lachsforellenfilets (à 80 g)

ZUM ANRICHTEN
frische Sprossen

TOMATEN-GEL:
Die Tomaten auf der Blütenseite kreuzweise einritzen. In einem großen Topf Salzwasser zum Kochen bringen und die Tomaten kurz einlegen. Die Tomaten mit einem Schaumlöffel herausheben und kalt abbrausen. Anschließend die Haut abziehen. Die Tomaten halbieren und die Kerne entfernen. Das Tomatenfruchtfleisch zusammen mit den restlichen Zutaten in einem Topf kochen bis eine Bindung entsteht. Dann das Ganze mit einem Stabmixer zu einem glatten Gel mixen. Die Masse in eine Spritzflasche abfüllen.

KORIANDERÖL:
Die Kräuter waschen und trocken schütteln. Den Knoblauch abziehen, den Ingwer schälen und beides grob hacken. Die Kräuter, den Knoblauch und den Ingwer zusammen mit den restlichen Zutaten in einer Multifunktions-Küchenmaschine bei 80 °C 5 Minuten lang mixen. Anschließend das Öl durch ein feines Sieb passieren. Das Korianderöl in eine Spritzflasche abfüllen.

GLASIERTE JALAPEÑOS:
Die Jalapeños putzen, entkernen und in Streifen schneiden. Zusammen mit den restlichen Zutaten in einem Topf einkochen bis die Flüssigkeit bindet.

JALAPEÑO-FOND:
Alle Zutaten in einem Topf geben und auf die Hälfte einkochen.

LACHSFORELLE:
300 ml Wasser mit dem Salz zu einer Beize mischen. Die Fischfilets 20 Minuten in die Beize legen. Anschließend die Filets in Sous-vide-Beutel vakuumieren und im einem auf 54 °C temperierten Wasserbad 5 ½ Minuten garen. Die Filets aus dem Beutel nehmen und die Haut abziehen.

ANRICHTEN:
Die Lachsforellenfilets in tiefe Teller legen und etwas Jalapeño-Fond und Korianderöl daneben gießen. Kleine Tupfen Tomaten-Gel auf die Lachsforellenfilets spritzen und einige glasierte Jalapeño-Streifen darauf anrichten. Mit einigen Sprossen garnieren.

»A SCHEEN'S PLATZERL« – DAS »VIVARIUM«

Wie der Name schon sagt, ist das »Vivarium« viel mehr als ein Restaurant. Es ist Bar, Café und Ausstellungsraum, vor allem aber lebendiger Treffpunkt, im Sommer zum Kaffeeklatsch im lauschigen Garten oder zu einer Partie Boule auf der hauseigenen Bahn. Ob Brunch, Konzerte, Kochkurse oder Yoga im Garten, bei Brigitte Buchner ist immer was los. Die gelernte Köchin hat eine Atmosphäre geschaffen, wie es, mit Verlaub, nur Frauen können. Mit fünfzehn begann die gebürtige Unterhöslwangerin, ausgestattet mit einer »Gastgeberseele«, wie sie selbst sagt, ihre Kochlehre im noblen Hotel Bayerischer Hof in München, zu einer Zeit, als Frauen in Restaurantküchen noch rar waren. Sie hat sich durchgekämpft und, sobald sich die Gelegenheit bot, selbstständig gemacht. Seit über dreißig Jahren verwirklicht sie ihre eigenen Ideen, im eigenen Haus und im eigenen Garten. Schon alleine dieser Garten mit Seerosenreich und Voliere ist ein bezauberndes Idyll, Monet hätte es nicht

schöner malen können. Dass die Inhaberin durchaus frankophil ist, zeigt auch die Boulebahn, auf der schon so manches Turnier mit einem Glas »vin rouge« in der Hand ausgetragen wurde. Schon früh entdeckte Brigitte Buchner ihre Liebe zur vegetarischen Küche. Bis heute beschäftigt sie sich gerne mit den verschiedenen Ernährungsstilen, auch die Ayurvedaküche ist ihr nicht fremd. Wenn sie nicht Köchin geworden wäre, sagt die Gastronomin, hätte sie Medizin studiert. Ernährungswissenschaft interessiert sie sehr, und ihr Wissen lässt sie auch ihren Gästen zugutekommen, denn es fließt in ihre Restaurantküche mit ein, sodass Genuss und Wohlbefinden sich perfekt ergänzen. Der Anspruch im Vivarium ist hoch, auch an die Lieferanten der Produkte. Ohne Fleisch, das weiß die Chiemgauerin, geht es nicht. »Ihr Wiener Schnitzel brauchen die Leit«, sagt die Wirtin und bezieht das Fleisch dafür ausschließlich aus artgerechter Haltung. So kommt es, dass die Gäste im »Vivarium« sowohl ofenfrischen Bio-Schweinebraten in Dunkelbiersoße als auch vegane Kürbis-Hirse-Bratlinge auf Ratatouille mit Kräutertofu auf der Karte finden. Das Angebot an Fleisch- und vegetarischen Gerichten hält sich die Waage, wobei es nicht viele Restaurants geben dürfte, in denen die fleischlose Küche so variantenreich ist. Dafür zeichnet die Chefin selbst verantwortlich, auch Brot und Kuchen macht sie selbst, das Erdbeertiramisu ist ein Traum, genauso wie die Zitronen-Mascarpone-Tarte oder die Heidelbeer-Gundermann-Orangentarte. Auch Wildkräuter spielen in der Küche von Brigitte Buchner eine vielfältige Rolle, zum Teil aus dem eigenen Garten oder von der Kräuterpädagogin geerntet. Die Zubereitung der Fleischgerichte überlässt sie lieber ihrem Koch, dem einzigen Mann im ansonsten weiblichen Vivarium-Team.

HÖSLWANG

Einst sollen Haselsträucher die Auffahrt auf den Höslwanger Berg gesäumt haben, das besagt zumindest der Ortsname, der auf »hasala« zurückgeht, die althochdeutsche Bezeichnung für Haselstrauch. Nicht versäumen sollte man einen Blick in die Pfarrkirche St. Nikolaus, die zu den schönsten Rokokokirchen im Chiemgau zählt, außerdem bietet sich vom Höslwanger Berg aus ein grandioser Blick auf die Landschaft um den Pelhamer See und die Berge.

ITALIENISCHES WEISSBROT

Für 1 Brot
Zubereitungszeit: ca. 60 Minuten plus ca. 2 Stunden Ruhezeiten

FÜR DAS ITALIENISCHE WEISSBROT

1 ½ kg Mehl Type 550
2 Würfel Hefe
3 EL Salz
140 ml Olivenöl plus etwas mehr zum Beträufeln
gemischte mediterrane Kräuter (z. B. Thymian, Rosmarin, Oregano)

ITALIENISCHES WEISSBROT:
Das Mehl in eine Rührschüssel sieben. Die Hefe zerbröseln und zusammen mit dem Salz, 40 ml Olivenöl und 900 ml lauwarmem Wasser zugeben. Die Schüssel abdecken und 30 Minuten an einem warmen, zugfreien Ort gehen lassen. Anschließend alles zu einem homogenen Teig kneten. Den Hefeteig mit etwas Olivenöl beträufeln und erneut abgedeckt an einem warmen, zugfreien Ort 30 Minuten gehen lassen. Den Teig noch einmal gut durchkneten, wieder mit Olivenöl beträufeln und noch einmal 30 Minuten gehen lassen. Danach den Teig in eine rechteckige Form gleiten lassen. Noch einmal abgedeckt 30 Minuten gehen lassen.
Das restliche Öl (100 ml), das restliche Salz (2 EL) und 100 ml Wasser verrühren. In den Teig kleine Löcher stechen und das Öl-Wasser-Gemisch darüber verteilen.
Die Kräuter darüberstreuen. Das Brot in auf 200 °C vorgeheizten Backofen schieben und die Temperatur auf 180 °C reduzieren. Die Backzeit beträgt 30 Minuten. Das Brot aus dem Ofen holen und auskühlen lassen.

KÜRBIS-MALFATTI MIT SALBEIBUTTER

Für 4 Personen
Zubereitungszeit: ca. 60 Minuten

FÜR KÜRBIS-MALFATTI MIT SALBEIBUTTER

300 g entkernter Hokkaidokürbis
150 g Ricotta oder Magerquark
100 g frisch geriebener Parmesan
2 Eier
Salz
frisch gemahlener schwarzer Pfeffer
frisch geriebene Muskatnuss
ca. 200 g Mehl Type 405
3 EL Butter
1 Handvoll Salbeiblätter

ZUM ANRICHTEN

frisch geriebener Parmesan

KÜRBIS-MALFATTI MIT SALBEIBUTTER:

Den Kürbis in Würfel schneiden, auf einem Backblech ausbreiten und mit etwas Öl beträufelt im auf 200 °C vorgeheizten Backofen ca. 30 Minuten weich garen. Den Kürbis aus dem Ofen nehmen, in einen Standmixer füllen und fein pürieren. Das Kürbispüree auskühlen lassen.
Den Ricotta in ein Sieb geben und etwas abtropfen lassen. Dann in eine Schüssel füllen und mit dem Kürbispüree, dem Parmesan und den Eiern verrühren. Das Ganze mit Salz, Pfeffer und Muskatnuss würzen. Anschließend das Mehl darüber sieben und alles zu einem homogenen Teig kneten. Sollte der Teig noch etwas klebrig sein, etwas mehr Mehl unterkneten.
Den Teig in Portionen zerteilen und diese zu dünnen Rollen mit 1–2 cm Durchmesser formen. Die Rollen in 1–2 cm lange Stücke teilen und daraus kleine Nocken (»Malfatti«) formen. Die Nocken nebeneinander auf eine bemehlte Unterlage legen.
In einem großen Topf reichlich Salzwasser zum Kochen bringen und die Malfatti etwa 3 Minuten darin ziehen lassen. Sobald sie an der Oberfläche schwimmen, mit einem Schaumlöffel herausheben und gut abtropfen lassen.
Die Butter in einer Pfanne aufschäumen und etwas bräunen lassen. Die Salbeiblätter dazu geben. Die abgetropften Malfatti in die Salbeibutter geben und durchschwenken.

ANRICHTEN:

Die Malfatti auf den Tellern anrichten und mit dem Parmesan bestreuen.

MUSIK IM STADL – DAS »STALLWERK«

Das »Bürgermeisterhaus« nennen die Truchtlachinger das prächtige Gebäude im Ortskern auch, denn hier wohnte viele Jahre der Bürgermeister. Davor hieß es auch »Scherer Hof« oder »Metzgerhaus«, denn es wird um 1500 erstmals mit dem Namen eines gewissen Wilham Fleischhacker erwähnt. Aber daran erinnert sich garantiert niemand mehr. Sehr wohl allerdings an einen unlängst ausgezogenen Hausbewohner, Stefan Dettl. Der Frontman der bayerischen Kultband »La Brass Banda« hat hier gewohnt, und über dem heutigen Café war das Studio und der Proberaum der Band.

Im Sommer stellt Marina Markl ein paar Tische und das große Schild »geöffnet« vor die Tür. Ihr Café ist in einem uralten Stallgewölbe untergebracht, das per se schon sehenswert ist, genauso wie die typische Bundwerkfassade des ehemaligen Stalls. Der Name »Stallwerk« kommt nicht von ungefähr. Drinnen ist der aufwendig restaurierte Raum so eingerichtet, dass man sich sofort wohlfühlt. Im vorderen Teil ist

Marina Markl die Chefin, im hinteren Teil regiert die »Wein-Resi«. Um den großen Tisch der Weinhändlerin Theresia Meier versammelt sich an manchen Tagen eine fröhliche Runde. Café und Wein ergänzen sich prima, man hilft sich gegenseitig und teilt sich die Miete. Wer den Raum betritt, steht aber zunächst vor der Kuchentheke, für die das »Stallwerk« weithin bekannt ist. Denn Marina Markl, die hier ihren Traum vom eigenen Café verwirklicht hat, bäckt sensationelle Kuchen und Torten. Vor allem die Obstkuchen, die immer mit frischen Früchten der Saison belegt werden, sind beliebt, aber auch die Flockensahne, die Baisertorte oder der Käsekuchen mit Baiserhaube. Wenn man die Gäste fragt, was das Besondere an den Kuchen ist, lautet die Antwort: »Sie schmecken wie selbst gebacken.« Das ist wohl auch das Geheimnis, dass Maria Markl bäckt wie für den Kaffeetisch zu Hause, mit frischen, natürlichen Zutaten, ohne zusätzliche Aromen oder Backhilfen, keine »Bäckerkuchen« eben, wie sie selbst sagt. Sieben bis acht Sorten gibt es täglich zur Auswahl, da sparen sich viele das Backen und kommen am Sonntagnachmittag schnell vorbei, um ein paar Stücke für zu Hause mitzunehmen. Doch es gibt nicht nur Kuchen im »Stallwerk«. Eine kleine Boutique mit hübschen und nützlichen Dingen wie Geschirr, Kerzen oder anderen Utensilien lädt zum Stöbern ein. Außerdem serviert die Wirtin ein liebevoll zusammengestelltes Frühstück mit Müsli, frischem Obst und Joghurt, Brot aus der Camba-Bäckerei, Käse und Speck aus Tirol, selbst gemachten Marmeladen und Aufstrichen sowie Bioeiern, die je nach Gusto zubereitet werden. Hinterm Haus gibt es noch eine kleine Terrasse, und so kann man manchen Nachmittag hier beschaulich verbringen oder sich vor oder nach dem Schwimmen in der Alz stärken. Denn unbedingt sehenswert ist das Truchtlachinger Fluss-Schwimmbad, im Sommer mindestens so schön wie die Strandbäder am See.

BUNDWERK

»Bundwerk« ist ein Begriff aus der Zimmermannskunst. Im 17. und 18. Jahrhundert begann man im Alpenraum, Wirtschaftsgebäude wie Stall und Scheune in dieser holzsparenden Ständerbauweise zu errichten. Wie beim Fachwerk gibt es auch hier Ständer und Riegel, die Balken werden dabei in Gitterform oder schräg, über Kreuz verbunden und von hinten verschalt. Die zum Verzapfen benutzten Holznägel hat man als gestalterisches Element eingesetzt, und auch die bündig liegenden Konstruktionsbalken wurden mit Schnitzereien verziert. Besonders prächtige Exemplare entstanden im 19. Jahrhundert, davon sind im Chiemgau noch einige sehenswerte Exemplare erhalten.

APRIKOSENKUCHEN

Für 1 Springform (Durchmesser 28 cm)
Zubereitungszeit: ca. 80 Minuten

FÜR DEN APRIKOSEN-KUCHEN

350 g Mehl Type 405
200 g Butter plus etwas mehr für die Form
165 g Zucker
1 Prise Salz
2 Eier
800 g Aprikosen
200 g Crème fraîche
125 g Quark (Magerstufe)
2 EL Vanillepuddingpulver

APRIKOSENKUCHEN:
250 g Mehl in eine Rührschüssel sieben. 125 g Butter in Würfel schneiden, zusammen mit 65 g Zucker, 1 Ei und dem Salz zugeben und alles zu einem glatten Mürbteig kneten. Den Teig zu einer Kugel formen, in Frischhaltefolie wickeln und 30 Minuten kühl stellen. Anschließend auswickeln und zwischen 2 Lagen Frischhaltefolie dünn ausrollen. Die Springform mit Butter ausstreichen und so mit der Teigplatte auskleiden, dass ein etwa 3 cm hoher Rand stehen bleibt. Die Aprikosen waschen, trocken tupfen, halbieren und die Steine entfernen. Die Fruchthälften nebeneinander auf den Teigboden legen.

Das restliche Ei mit 50 g Zucker aufschlagen und die Crème fraîche und den Quark unterrühren. Anschließend das Puddingpulver untermischen. Die Quarkcreme auf den Aprikosen verstreichen. Das restliche Mehl (100 g), den restlichen Zucker (50 g) und die restliche Butter (75 g) mit einem Handrührgerät zu Streuseln kneten. Die Streusel über der Quarkschicht verteilen. Den Aprikosenkuchen im auf 200 °C vorgeheizten Backofen (Ober-/Unterhitze) etwa 40 Minuten backen.

TRADITION VERPFLICHTET – DAS »BRÄU-STÜBERL BAUMBURG«

Weithin sichtbar leuchtet die bemalte Rokokofassade der Stiftskirche über Altenmarkt, und der Weg hinauf lohnt sich auch aus kulinarischer Sicht. Nicht nur weil das Bier, das in der Klosterbrauerei des ehemaligen Augustiner Chorherrenstifts gebraut wird, hervorragend ist, sondern auch weil die Wirtin des Bräustüberls, Maria Schuhbeck, feinste bayerische, österreichische und mediterran angehauchte Schmankerl dazu serviert. Sie führt das Lokal seit über fünfundzwanzig Jahren und weiß, was ihre Gäste lieben.

Knödel, Pilze und kräftige Wildgerichte, am Sonntag ofenfrischen Braten, aber auch feine Fischgerichte kommen besonders gut an. Maria Schuhbeck ist auch nach so vielen Jahren noch experimentierfreudig und setzt immer wieder etwas Neues auf die Karte. »Sonst würd's mir ja langweilig«, sagt sie lachend. Schweinefilet gehört zu ihren Lieblings-Fleischstücken, und sie bereitet es in immer wieder neuen Varianten zu. Mit den Nudelgerichten, der »Pasta mit Seeviecherln« beispielsweise kommt ein Hauch Mittelmeer an die Alz. Bei den Desserts wie Buchteln und Kaiserschmarrn grüßt das nahe gelegene Österreich. Im Sommer genießen Radler, Wanderer, aber auch viele Stammgäste die Atmosphäre im Klosterhof. An kühlen Tagen ist es in der alten Gaststube am warmen Kachelofen behaglich. Das bürgerliche Interieur des Bräustüberls aus den 1920-er Jahren hat Maria Schuhbeck über die Jahre hinweg gepflegt und dessen besonderen Charme erhalten. Man sieht die Honoratioren früherer Zeit förmlich am Tisch sitzen und Zigarren qualmend politisieren. Wie es sich für ein bayerisches Wirtshaus gehört, trifft man sich dort auch heute noch gerne am Stammtisch in der holzvertäfelten Stube. Schon als Kind kannte die Wirtstochter ihr

heutiges Domizil, denn sie ist unterhalb der Baumburg aufgewachsen, wo ihre Eltern den Alztaler Hof in der Altenmarkter Hauptstraße führten. Geboren wurde Maria Schuhbeck allerdings in Waging, und Schuhbeck, war da nicht was? Richtig, im Waginger »Kurhausstüberl« hat Sternekoch Alfons Schuhbeck seine Karriere begonnen. Im Gegensatz zu ihm, dem Adoptivsohn, ist die Bräustüberlwirtin eine »echte« Schuhbeck. In jungen Jahren hat sie sich bei ihrem »Adoptivcousin« zwar einiges abgeschaut, ist dann aber doch lieber bodenständig geblieben. Aber auch in ihrer Küche gibt es keine Convenience-Produkte, und alles wird frisch zubereitet. Die Weine wählt die Chefin selbst aus, aber natürlich spielt das Bier die Hauptrolle: das süffige Naturtrübe, das Biohelle, die Kloster Weiße oder auch das dunkle Weiße – frischer als hier kann man Bier nicht bekommen.

GENUSSRADELN

Das Bräustüberl und die Baumburger Brauerei liegen übrigens gleich an zwei Bier-Erlebnis-Radwegen. Zum einen beginnt hier die Tour »Klöster, Burgen, Biergenuss«, und zum anderen endet hier die Tour »Chiemsee und Alz, Hopfen und Malz«. Zu diesen und weiteren Radtouren gibt es bei »Chiemsee Tourismus« ausführliche Karten, die man sich auch als GPX-Datei downloaden kann (www.chiemsee-chiemgau.info)

SCHWEINEFILET MIT APRIKOSENFÜLLUNG

Für 4 Personen
Zubereitungszeit: ca. 45 Minuten

FÜR DAS SCHWEINEFILET MIT APRIKOSENFÜLLUNG

250 g Aprikosen (Konserve)
600 g Schweinefilet
1 El Butterschmalz
Salz
frisch gemahlener schwarzer Pfeffer
125 ml Gemüsebrühe
1 Schuss Balsamicoessig
1 TL mittelscharfer Senf oder Dijonsenf
1 EL kalte Butter

FÜR DIE KARTOFFELPFLANZERL

600 g mehligkochende Kartoffeln
100 g doppelgriffiges Mehl (Wiener Griessler)
1 Eigelb
1 Ei
Salz
frisch gemahlener schwarzer Pfeffer
frisch gemahlene Muskatnuss
4 EL Butterschmalz

SCHWEINEFILET MIT APRIKOSENFÜLLUNG:

Die Aprikosen in ein Sieb gießen und gut abtropfen lassen. Das Filet in 4 Portionen (à 150 g) schneiden, in jedes Medaillon eine Tasche einschneiden und mit den Aprikosen füllen. Das Fett in einer Pfanne erhitzen und die gefüllten Medaillons von beiden Seiten kurz anbraten. Das Fleisch auf beiden Seiten mit Salz und Pfeffer würzen. Die Medaillons im auf 180 °C vorgeheizten Backofen 20 Minuten garziehen lassen. Dabei die Kerntemperatur mit einem Fleischthermometer kontrollieren. Sie sollte 62 °C betragen.
Den Bratensatz in der Pfanne mit der Gemüsebrühe und dem Balsamicoessig ablöschen. Die Sauce aufkochen, mit dem Senf würzen und auf die Hälfte einkochen. Vor dem Servieren die Sauce mit der Butter montieren.

KARTOFFELPFLANZERL:

Die Kartoffeln schälen und vierteln. In einem Topf mit reichlich Salzwasser sehr weichkochen und anschließend durch eine Presse in eine Rührschüssel drücken. Die Kartoffeln etwas abkühlen lassen. Dann das Mehl, das Eigelb und das Ei zugeben und mit Salz, Pfeffer und Muskatnuss würzen. Alles zu einem homogenen Teig verarbeiten. Noch etwas mehr Mehl einarbeiten, falls der Teig zu weich ist. 1 EL Butterschmalz in einer Pfanne erhitzen. Mit leicht angefeuchteten Händen kleine Pflanzerl aus dem Teig formen und portionsweise im Fett goldbraun ausbacken. Dabei immer wieder Fett nachdosieren, damit die Pflanzerl nicht verbrennen.

ANRICHTEN:

Die Medaillons auf den vorgewärmten Tellern platzieren und die Sauce darübergeben. Die Kartoffelpflanzerl daneben anrichten.

KNÖDLCARPACCIO

Für 4 Personen
Zubereitungszeit: ca. 30 Minuten

FÜR DAS KNÖDLCARPACCIO

4 vorgekochte Semmelknödel vom Vortag
1 EL Butterschmalz
1 Handvoll Rucola
1 Handvoll Feldsalat
1–2 EL Sesampaste (Tahin)
1–2 EL neutrales Pflanzenöl
1 Spritzer weißer Balsamicoessig
Salz
frischgemahlener schwarzer Pfeffer
100 g durchwachsener Speck
1 kleine Zwiebel
15 kleine Champignons

KNÖDLCARPACCIO:
Die Semmelknödel in dünne Scheiben schneiden. Das Butterschmalz in einer Pfanne erhitzen und die Knödelscheiben auf beiden Seiten kurz anbraten. Die Scheiben dann als Ring auf den Tellern anrichten. Den Rucola und den Feldsalat gut waschen und trocken tupfen. Die Sesampaste, das Öl und den Balsamicoessig zu einer Marinade verrühren und mit Salz und Pfeffer würzen. Den Speck in feine Streifen schneiden. Die Zwiebel abziehen und fein würfeln. Die Champignons putzen und in feine Scheiben schneiden. Den Speck und die Zwiebeln in einer Pfanne anschwitzen. Dann die Pilze zugeben und mitbraten.

ANRICHTEN:
Den Rucola und den Feldsalat in der Mitte des Knödelrings anrichten. Die gebratenen Speck-Champignons rundherum verteilen und die Marinade darüber träufeln.

FÄHRMANN UND WIRT – »GASTHAUS ZUM ROITER«

Wenn der »Hoi mi ab«, die Glocke draußen am Wirtshaus scheppert, lässt Stefan Borger das Küchenmesser fallen und sprintet hinunter zum Fluss, um seine Gäste mit der Fähre abzuholen. Der Ex-Hüttenwirt, den es von 2800 Metern Höhe ins Tal verschlagen hat, ist nicht nur Pächter eines der schönsten Biergärten an der Alz, sondern auch noch Fährmann. Mit einer alten Gierseilfähre, die bereits 1888 von einem gewissen Herrn Roiter installiert wurde, um dessen Weg zum Einkaufen oder zum Kirchgang nach Altenmarkt abzukürzen, holt er die Passagiere über den Fluss. »Weil's so ein schönes, lauschiges Platzerl war, hat die Bäuerin immer ein paar Biere da g'habt«, erzählt Wirt Stefan Borger über die Entstehung der Wirtschaft, die es offiziell seit 1960 gibt. Idyllischer kann ein Ausflugslokal nicht liegen. Der Biergarten auf der grünen Wiese ist nur hundert Meter von der Alz entfernt. An heißen Sommertagen verschafft ein Sprung ins kühle Wasser Abkühlung, und für die innerliche Erfrischung sorgt das Bier aus der Baumburger Klosterbrauerei. Es ist nicht verwunderlich, dass der gastronomische Quereinsteiger den Bergblick für dieses Tal aufgegeben hat. Der Biergarten ist von Wiesen und Feldern umgeben, ein Nussbaum spendet Schatten, und der Blick reicht bis zum Waldrand. Manchmal hoppelt ein Hase vorbei. Sein Konzept von der Berghütte hat Stefan Borger mitgenommen, und

es funktioniert auch hier, sagt er lachend: »saisonal, regional, genial«. Eigentlich ist der gebürtige Nürnberger ja Schreinermeister, aber als leidenschaftlicher Koch und auf der Suche nach neuen Herausforderungen hat er irgendwann einmal die Säge mit dem Kochtopf vertauscht. Darin schmort er Gulasch vom Auerochsen, der auf Wiesen an der Alz geweidet hat und dort auch per Weideschlachtung erlegt wurde. Die Auerochsen leben das ganze Jahr über in freier Natur und pflegen sie ganz nebenbei auch noch. Einem pensionierten Zahnarzt aus Truchtlaching ist es zu verdanken, dass es auch im Chiemgau eine kleine Herde dieser im 17. Jahrhundert ausgerotteten und in den 1920er-Jahren zurückgezüchteten Urochsen gibt.

Solche Produkte mag Stefan Borger am liebsten, aus der Region und nachhaltig gewachsen. Seine Küche ist bodenständig, mal fein, mal deftig, wobei ihm die Auswahl und die Qualität der Produkte am wichtigsten ist. Das Schweinefleisch kauft er vom Biobauern und natürlich ein ganzes Schwein, deshalb, sagt der Wirt »gibt es nicht nur Schnitzel«. Im Sommer wird der Grill angeworfen, dann macht er auch Steckerlfisch von der Forelle, und frische Salate aus der Gärtnerei eines Lebenshilfeprojektes gibt es sowieso. Von dort stammt auch das Gemüse für die vegetarische Lasagne mit Champignons und Lauch. Chiemseehecht verarbeitet der passionierte Koch auch gerne mal zu Fischburgern oder serviert ihn in der Sesamkruste mit Honig-Senf-Dill-Sauce. Legendär sind die Kaspressknödel beim »Roiter«, mit verschiedenen Käsen aus der Alztaler Hofmolkerei. Die Karte ist übersichtlich, aber ob Fleisch- und Gemüsefan, es ist immer für jeden etwas dabei, und alles wird frisch zubereitet in der Küche.

Deshalb bitte immer ein wenig Geduld mitbringen, wenn der »Hoi mi ab« zwar am Wirtshaus geklingelt hat, aber der Fährmann nicht sofort am Ufer parat steht.

GRAUKAS

Der »Graukas« ist das alpenländische Pendant zum »Harzer«, ein Magermilchkäse, der früher auf den Almen hergestellt wurde, nachdem man den Rahm für die Butter abgeschöpft hatte. In Bayern nennt man ihn auch »Schüsselkas«. Früher war er eine wichtige Proteinquelle und wurde vor allem im südostbayerischen Alpenraum hergestellt, aber auch im Gebiet von Reit im Winkl und Ruhpolding. Der Graukas wird zu größeren Laiben geformt als der verwandte Harzer, gehört aber genauso zur Familie der Sauermilchkäse. Jung ist er innen noch topfig weiß und krümelig. Je mehr er reift, umso speckiger und würziger wird er. Im benachbarten Tirol gehört der Graukas zum kulinarischen Erbe mit geschützter Herkunftsbezeichnung. In Bayern ist die Alztaler Hofmolkerei die einzige, die diesen Käse noch herstellt (www.alztaler-hofmolkerei.de).

KASPRESSKNÖDEL

Für 4 Personen
Zubereitungszeit: ca. 60 Minuten

FÜR DIE KASPRESSKNÖDEL

ca. 250 g Semmeln vom Vortag
1–2 Zwiebeln
30 g Butter
ca. 125 ml Vollmilch
1 Bund glatte Petersilie
ca. 300–350 g Käse (z. B. Graukas, Bergkäse und Alztaler Hofkäse)
4 Eier
frisch gemahlener schwarzer Pfeffer
frisch geriebene Muskatnuss
gerebelten Majoran
gemahlene Kümmelsamen
Kräutersalz
3 EL Butterschmalz

ZUM ANRICHTEN

Blattsalat mit Kürbiskernöl und Kürbiskernen

KASPRESSKNÖDEL:

Das Knödelbrot würfeln und in eine große Schüssel geben. Die Zwiebeln abziehen und fein würfeln. Die Butter in einer Pfanne erhitzen, die Zwiebeln darin anschwitzen und zum Knödelbrot geben. Die Milch erwärmen und gut die Hälfte über das Knödelbrot gießen. Alles gut vermischen und ruhen lassen. Die Petersilie waschen, trocken schütteln und fein hacken. Den Käse in feine Würfel schneiden. Die Petersilie, den Käse, die Eier und die Gewürze zugeben und mit den Händen zu einem homogenen Teig kneten. Gegebenenfalls noch etwas Milch zugeben. Den Teig abschmecken und ruhen lassen. Anschließend noch einmal gut durchkneten und mit leicht angefeuchteten Händen kleine Laibchen formen. 1 EL Butterschmalz in einer Pfanne erhitzen und die Kaspressknödel portionsweise bei mittlerer Temperatur auf jeder Seite etwa 4 Minuten braten. Bei Bedarf Butterschmalz nachdosieren.

ANRICHTEN:

Die Kaspressknödel auf die Teller verteilen und den Salat in einer separaten Schale dazu servieren.

TIPP:

Am besten schmecken die Kaspressknödel, wenn mehrere deftige Käsesorten gemischt werden.

HOLLERKIACHERL

Für 4 Personen
Zubereitungszeit: ca. 30 Minuten

FÜR DIE HOLLERKIACHERL
200 g Mehl Type 405
1 Prise Salz
250 ml dunkles Bier
3 Eier
1 EL neutrales Pflanzenöl
Butterschmalz zum Frittieren
ca. 10 geputzte Holunderblüten

ZUM ANRICHTEN
Puderzucker
250 g pürierte Erdbeeren

HOLLERKIACHERL:
Das Mehl in eine Rührschüssel sieben und mit dem Salz mischen. Das Bier unterrühren. Die Eier trennen, das Eiweiß beiseitestellen. Das Eigelb und das Öl unter den Teig rühren. Das Eiweiß steif schlagen und unter den Teig heben. Das Butterschmalz erhitzen. Die Holunderblüten in den dickflüssigen Teig tauchen und sofort im heißen Butterschmalz goldbraun ausbacken. Mit einem Schaumlöffel herausheben und auf Küchenpapier abtropfen lassen.

ANRICHTEN:
Die Hollerkiacherl mit Puderzucker stauben und auf einem Erdbeerspiegel anrichten.

DIE ETWAS ANDERE BROTZEIT – DAS »WIGGERL SIEBZEHN.«

Das derzeit hippste Tagescafé in Traunstein ist das »Wiggerl Siebzehn«. Der »Wiggerl«, das ist in Bayern die Verniedlichung von »Ludwig«. Nein, keiner der beiden Betreiber heißt so, aber das Café befindet sich in der Ludwigstraße 17, direkt am Stadtpark von Traunstein. Im Sommer sitzt man schattig auf der Terrasse im Grünen, ansonsten im hellen, modern gestylten Innenraum. Es duftet nach frisch gemah-

lenen Kaffeebohnen, die Croissants sind knusprig und weich zugleich, der Joghurt im Glas trägt eine Krone von hausgemachter Granola, und in der Vitrine stehen schon morgens verführerische Kuchen. Aber das eigentliche Ereignis im Wiggerl ist das Brotzeitbrett. Boris Rüther und Johannes Semmler fügen dieser urbayerischen, man kann schon sagen Institution eine neue Dimension hinzu. Klar, dass nur beste Qualität aufs Brett kommt, wie Südtiroler Speck, Parmaschinken oder Käse aus dem Bregenzer Wald. Aber die eigentlichen Highlights, das sind die Aufstriche mit Fermentiertem oder Eingelegtem, die für Überraschung und neue Geschmackserlebnisse sorgen, und geschmorte Gemüse machen die Sache rund. Die Aufstriche auf Frischkäse- oder veganer Basis variieren von deftig bis exotisch und passen sich jeweils der Saison an. Hausgemacht sind sie alle. Ob es daran liegt, dass Traunstein eine lange Salztradition hat, dass die beiden Wirte ihre Leidenschaft fürs Fermentieren entdeckt haben, oder einfach nur, weil es modern ist? Wer in dem Café mal nach oben schaut, entdeckt überall gefüllte Gläser, in denen Millionen Bakterien am Werk sind. Da fermentiert Blaukraut genauso vor sich hin wie Karotten, Kohlrabi oder Radieserl und Emmer. Was ihm unter die Finger kommt, wird fermentiert, sagt Boris, sogar mit Malz vom Traunsteiner Hofbräu probiert er's. Was dabei herauskommt, weiß man noch nicht. Fermentiertes ist nicht jedermanns Geschmack, aber richtig eingesetzt und dosiert wie im »Wiggerl« wird es zum Genuss. Eingelegte Weinbeeren, Holunder oder Himbeeren dienen zum Aromatisieren von Essig, der über Salatbeilagen geträufelt der Brotzeit einen zusätzlichen Frischekick gibt. Genauso wie beispielsweise der »Wasserkefir«, auch fermentiert ein gesunder Durstlöscher im Sommer, ähnlich wie die hausgemachten Limonaden. Was es als Brett gibt, kann man übrigens auch im »Sackerl« bestellen und mitnehmen, sei es nach Hause, an den See oder auf den Berg.

Bei allem, auch wenn es noch so exotisch klingt, achten die jungen Wirte auf Regionalität, und da ihre Brotzeitidee in Traunstein so gut ankommt, haben sie gleich eine Zweigstelle im schönen Amerang eröffnet: »Wiggerl Siebzehn. in der Bäckerei Freiberger. Dort gibt es alles in bewährter »Wiggerl«-Qualität. Es lohnt sich auf jeden Fall, auch dort einmal Halt zu machen, zumal Amerang einer der schönsten Orte des Chiemgaus ist.

GURKEN-SESAM-FRISCHKÄSE

Für 4 Personen
Zubereitungszeit: ca. 20 Minuten plus 7–10 Tage Ruhezeit

FÜR DIE KOJI-ZITRONENMARINADE
100 g Kome Koji
30 g Meersalz
Saft von 1 Zitrone
100 ml natives Olivenöl extra
Gartengurken

FÜR DEN FRISCHKÄSEAUFSTRICH
50 g weiße Sesamsaat
1 Gartengurke
1 Bund Koriander
1 unbehandelte Zitrone
500 g Doppelrahmfrischkäse
100 g Sauerrahm
Sesamöl
Salz
Cayennepfeffer

KOJI-ZITRONENMARINADE:
Das Kome Koji mit 130 ml Wasser und dem Salz mixen und 7–10 Tage bei Raumtemperatur fermentieren lassen. (Die Masse kann sich etwas absetzen, bei sauberer Handhabung kann durch den hohen Salzgehalt aber nichts passieren.) Anschließend mit dem Zitronensaft und dem Olivenöl abschmecken und ggf. mit etwas Wasser strecken. Die Gartengurken waschen, schälen und fein hobeln. In einer Schale mit etwas Marinade mischen.

FRISCHKÄSEAUFSTRICH:
Die Sesamsaat in einer beschichteten Pfanne ohne Fettzugabe leicht anrösten. Die Gartengurke waschen, entkernen und in feine Würfel schneiden. Den Koriander waschen, trocken schütteln und fein hacken. Die Zitrone heiß abwaschen und gut abtrocknen. Die Schale fein abreiben und den Saft auspressen. Den Frischkäse und den Sauerrahm miteinander verrühren. Dann die Gurkenwürfel, den Koriander und den Abrieb und den Saft der Zitrone untermischen. Die Sesamsaat unterheben und mit etwas Sesamöl, Salz und Cayennepfeffer würzen

ANRICHTEN:
Den Frischkäse auf Tellern anrichten und die marinierten Gurkenscheiben daneben platzieren.

TIPP:
Der Koji Kin ist ein Schimmelpilz, der in der japanischen Küche eine große Bedeutung hat. U. a. wird er für die Fermentation von Soja zu Sojasauce oder auch zur Fermentation von Reis (Kome Koji) genutzt.

WASSERKEFIR

Für ca. 2 l
Zubereitungszeit: ca. 10 Minuten plus 4–7 Tage Ruhezeit

FÜR DEN WASSERKEFIR
100 g Vollrohrzucker
ca. 100 g Wasserkefirkristalle
30 g unbehandelte Feigen
1–2 Scheiben unbehandelte Zitrone
Früchte nach Wahl

WASSERKEFIR:
Den Zucker in 2 l Wasser auflösen und die Kefirkristalle mit den Feigen zugeben. In einem mit einem Drahtbügel verschlossenen Glas 3–4 Tage fermentieren lassen. Dann den Sud abseihen, mit 2 Zitronenscheiben und ein Paar Früchten wiederum 1–3 Tage reifen lassen. Es entwickelt sich dabei etwas Kohlensäure. Leicht gekühlt servieren!

TIPP:
Der beim Abseihen aufgefangene Wasserkefir kann erneut angesetzt werden.

A BISSERL »DOLCE VITA« GEHT IMMER – MONDINO

Der »Amaro Bavarese« ist die Chiemgauer Antwort auf Campari- und Aperol-Spritz. Die Geschichte ist schnell erzählt: Ein Traunsteiner macht in den 1970-er Jahren seine Lehre in einer Brennerei südlich der Alpen und bringt von dort ein Rezept für einen typischen »Amaro«, einen »Bitter« mit. Nach Hause zurückgekehrt, konzentriert er sich auf die Herstellung von klaren Destillaten, wie sie im Chiemgau gefragt sind, und der Amaro gerät in Vergessenheit. Bis ... ja, bis die Welle über die Alpen schwappt und nicht nur am Lido von Venedig, sondern auch am Chiemseestrand überall die Gläser mit dem orangefarbenen Aperol-Spritz in der Sonne leuchten. Auf Eis, mit Weißwein, Prosecco und Soda aufgegossen, wird der »Aperol Spritz« zum Lebensgefühl, nicht nur zwischen Ostsee und Alpenrand. Der Hype macht vor nichts Halt. Aperol wird vor, nach und zum Essen getrunken, obwohl der Name »Aperol« ganz eindeutig sagt, wofür er gedacht ist. Egal, der Enkel denkt sich, dass es an der Zeit ist, dem etwas entgegenzusetzen, und erinnert sich an das Rezept des Großvaters. Gemeinsam wird das Generationenprojekt gestartet, das Rezept wird ausgegraben und so modifiziert, dass ein Halbbitter daraus entsteht, etwas dezenter rot, dafür aber fruchtiger und weniger süß als sein Vorbild. Außerdem, und das ist das besondere Plus, kommt er ohne künstlichen Farbstoff aus. Bitterorange, Rhabarber, Enzian, Sternanis, Hibiskus, Süßholz und Orangenblüten sind nur einige Zutaten, die den typischen Mondino-Geschmack ausmachen. Mit Soda und Prosecco ist er ein »Bavarian-Spritz«, einfach nur auf Eis mit Ginger Ale aufgegossen ein erfrischender Longdrink, pur auf Eis ein Digestif und natürlich in jeder Variation ein idealer Sundowner am Chiemseestrand. Lokale Mixologen verwenden ihn auch gerne in Cocktails mit Gin, Rum und vielem mehr – dem »Dolce Vita« sind keine Grenzen gesetzt.

BIG APPLE

Für 1 Personen
Zubereitungszeit: ca. 5 Minuten

FÜR DEN BIG APPLE
1 Scheibe Limette
Zimtzucker
80 ml Mondino
20 ml Gin
20 ml Limettensaft
80 ml Apfelsaft
1 Spritzer Orange Bitter (optional)

ZUM ANRICHTEN
getrocknete Apfel- oder Orangenscheiben

BIG APPLE:
Den Glasrand mit der Limette einreiben und in den Zimtzucker tauchen. Alle Zutaten und Eiswürfel in einen Shaker füllen und gut schütteln. Den Cocktail durch ein Sieb in das mit Eis gefüllte Glas gießen.

ANRICHTEN:
Die gewählte Dekoration auf den Glasrand stecken

Für die freundlich Unterstüzung dieses Buchprojekts geht ein herzliches Dankeschön an:

Chiemgau Tourismus e.V.
Stadtplatz 32
83278 Traunstein
E-Mail: urlaub@chiemsee-chiemgau.info
Tel.: +49 (0) 861 – 90 95 90-0
www.chiemsee-chiemgau.info

REGISTER DER REZEPTE

ADRESSLISTE

Gasthof Alpenrose (Seite 14)
Kirchplatz 2
83122 Samerberg
www.alpenrose-samerberg.de
info@alpenrose-samerberg.de

Hotel Gut Steinbach (Seite 20)
Steinbachweg 10
83242 Reit im Winkl
www.gutsteinbach.de
info@gutsteinbach.de

Forsthaus Adlgaß (Seite 26)
Adlgaß 1
83334 Inzell
www.forsthaus-adlgass.de
kontakt@forsthaus-adlgass.de

Wachter Foodbar (Seite 30)
Bernauer Straße 31
83209 Prien an Chiemsee
www.wachter-foodbar.de
info@ wachter-foodbar.de

Simssee-Stuben (Seite 36)
Seestraße 41
83139 Krottenmühl
www.simssee-stuben.de
simssee-stuben@t-online.de

Chiemsee Bräu (Seite 40)
Gewerbestraße 1
83355 Grabenstätt
www.kymsee-whisky.de
info@kymsee-whisky.de

Tropical Station (Seite 44)
Bahnhofstraße 31
83236 Übersee
www.tropical-station.de
tropical.station@web.de

Matador Lodges (Seite 44)
Chieminger Straße 17
83355 Grabenstätt
www.matador-lodges.com

Landhaus Tanner (Seite 50)
Aglassing 1
83329 Waging am See
hello@matador-lodges.com
www.landhaus-tanner.de

Thomafischer (Seite 58)
Markstatt 10
83339 Chieming
www.thomafischer.de
info@thomafischer.de

Fischerei Minholz (Seite 68)
Birkenallee 48
Bernau am Chiemsee
www.fischerei-minholz.de
dominikminholz@gmx.de

Chiemseefischerei Stephan (Seite 68)
Alte Rathausstraße 31b
83209 Prien am Chiemsee
www.chiemseefischerei-stephan.de
info@chiemseefischerei-stephan.de

Camba Bavaria (Seite 76)
Gewerbering 3
83370 Seeon
www.camba-bavaria.de
office@cambabavaria.de

Großrachlhof (Seite 80)
Großrachl 1
83224 Grassau im Chiemgau
www.grossrachlhof.de
info@grossrachlhof.de

Landgasthof Hittenkirchen (Seite 86)
Hittostraße 8
83233 Bernau am Chiemsee
www.der-landgasthof.bayern
info@der-landgasthof.bayern

Chiemgaukorn (Seite 92)
Weiding 2
83308 Trostberg
www.chiemgaukorn.de
info@ chiemgaukorn.de

Jacklmuinahof (Seite 98)
Marianne Ertl
Kugelthal 4
84529 Tittmoning

Wandern mit Ziegen (Seite 104)
Töfenreut 3
83379 Weibhausen/Wonneberg
johann_maria_frisch@gmx.de

Alte Gendarmerie Übersee (Seite 108)
Max-Brunner-Weg 1
83236 Übersee
www.altegendarmerie-uebersee.de
info@altegendarmerie-uebersee.de

Rachlalm (Seite 114)
83224 Grassau im Chiemgau
www.grossrachlhof.de
info@grossrachlhof.de

Dandl Alm / Dandl Hof (Seite 118)
Obergschwendt 1 a
83324 Ruhpolding
info@dandl-hof.de
www.dandl-hof.de/dandl-alm

Stubn in der Frasdorfer Hütte
(Seite 122)
Am Zellboden
83112 Frasdorf
www.stubn.co
info@stubn.co

Schloßwirtschaft Wildenwart
(Seite 128)
Ludwigstraße 8
83112 Frasdorf
www.schlosswirtschaft-wildenwart.de
info@schlosswirtschaft-wildenwart.de

Anderlbauer (Seite 134)
Hauptstraße 4
83112 Frasdorf
www.anderlbauer.de
info@anderlbauer.de

Landlmühle (Seite 138)
Finsterwalderstraße 1
83071 Stephanskirchen
www.landlmuehle.de
info@landlmuehle.de

Achtpunktsechs (Seite 140)
Finsterwalderstraße 8
83071 Stephanskirchen
www.landlmuehle.de
info@landlmuehle.de

Gewürzmühle Simon Mendel
(Seite 142)
Finsterwalderstraße 7a
83071 Stephanskirchen
www.gewuerzmuehle-rosenheim.de
info@gewuerzmuehle-rosenheim.de

Gmiashunger (Seite 146)
Finsterwalder Str. 5a
83071 Stephanskirchen
www.gmiashunger.de
erlebnis@gmiashunger.de

Chiemgauer Ölmühle (Seite 150)
Wiesenleite 11
83365 Nußdorf
www.chiemgauer-oelmuehle.de
post@chiemgauer-oelmuehle.de

Chiemgauer Genussmanufaktur
(Seite 154)
Hauptstraße 12
83349 Palling/Freutsmoos
www.chiemgau-genuss.de
servus@chiemgau-genuss.de

Bettinas Keimbackstube (Seite 154)
Baumham 6
83349 Palling
www.lebenskeimbrot.de
info@bettinas-keimbackstube.de

Auers Schlosswirtschaft (Seite 162)
Rosenheimer Straße 8
83115 Neubeuern
www.auers-schlosswirtschaft.de
kontakt@auers-schlosswirtschaft.de

Gasthaus Unterwirt (Seite 168)
Hadrianstraße 26
83413 Fridolfing
www.gasthaus-unterwirt.de
info@gasthaus-unterwirt.de

»ES:SENZ«– Das Achental (Seite 174)
Mietenkamer Straße 65
83224 Grassau
reservierung@das-achental.com
www.das-achental.com

Michael's Leitenberg (Seite 180)
Weiherweg 3
83112 Frasdorf
www.michaels-leitenberg.de
office@michaels-leitenberg.de

Cafè Bar Restaurant Vivarium
(Seite 186)
Schönbrunner Straße 1
83129 Höslwang
www. cafe-vivarium.de
info@cafe-vivarium.de

Stallwerk Café & Laden (Seite 192)
Chiemseestraße 3
83376 Truchtlaching
www.stallwerk.cafe
mail@stallwerk.cafe

Bräustüberl Baumburg (Seite 196)
Baumburg 12
83352 Altenmarkt
www.bräustüberlbaumburg.de

Gasthaus zum Roiter (Seite 202)
Roit 1
83352 Altenmarkt an der Alz

Wiggerl Siebzehn. (Seite 206)
Ludwigstraße 17
83278 Traunstein
www. wiggerl17.de
servus@wiggerl17.de

Mondino (Seite 210)
Brennerei Schnitzer
Kaltenbach 1
83278 Traunstein
www.amaro-mondino.de
mail@amaro-mondino.de

(Sortierung in der Reihenfolge
der Nennung im Buch)

IMPRESSUM

Verantwortlich: Sonya Mayer
Texte & Rezepte: Hannelore Fisgus
Fotografie: Ingolf Hatz
Redaktion der Rezepte: Dr. Regina Roßkopf
Redaktion der Texte: Bettina Spangler
Layout: Marcus Taeschner, A flock of sheep
Umschlaggestaltung: Regina Degenkolbe
Repro: LUDWIG:media
Korrektorat: Christiane Gsänger
Herstellung: Bettina Schippel

Printed in China by C&C Offset Printing

Bildnachweis
Alle Bilder des Umschlags und des Innenteils stammen von Ingolf Hatz, mit Ausnahme von: Seite 7, 11, 44 – diese stammen von Julia Hildebrand.

Unser komplettes Programm finden Sie unter:
www.christian-verlag.de

Das Geschirr der Gerichte auf den Seiten 34, 89, 95, 97, 127, 159, 176 und 178 stammt von DØRFKIND KERAMIK – siehe www.dorfkindkeramik.de

★★★★★

Sind Sie mit diesem Titel zufrieden? Dann würden wir uns über Ihre Weiterempfehlung freuen.

Erzählen Sie es im Freundeskreis, berichten Sie Ihrem Buchhändler, oder bewerten Sie bei Onlinekauf. Und wenn Sie Kritik, Korrekturen, Aktualisierungen haben, freuen wir uns über Ihre Nachricht an

Christian Verlag
Postfach 40 02 09, D-80702 München
oder per E-Mail an lektorat@verlagshaus.de

In diesem Buch wird aus Gründen der besseren Lesbarkeit das generische Maskulinum verwendet. Weibliche und anderweitige Geschlechteridentitäten werden dabei ausdrücklich mitgemeint, soweit es für die Aussage erforderlich ist.

Die Deutsche Nationalbibliothek verzeichnet diese Publikation in der Deutschen Nationalbibliografie; detaillierte bibliografische Daten sind im Internet über http://dnb.d-nb.de abrufbar.

2. Auflage 2023

Christian Verlag GmbH, Infanteriestraße 11 a,
80797 München

ISBN 978-3-95961-637-9

Jenner
1.874 m
Watzmann
2.713 m
Reiter Alm
Loferer Steinberge
Steinplatte
1.869 m
Predigtstuhl
1.613 m
Winklmoosalm
1.160 m
Kirche
St. Bartholomä
Königssee
Hotel
SCHÖNAU AM KÖNIGSSEE
BERCHTESGADEN
SCHOFSWIESEN
RAMSAU
Sonntagshorn
1.961 m
Drei-Seen-Gebiet
Mittersee
Lödensee
Weitsee
SCHNEIZLREUTH
BAYERISCH GMAIN
Rauschberg
1.671 m
Alte Saline
BAD REICHENHALL
Frillensee
Unternberg
1.425 m
Hochfelln
1.674 m
Saalach
Staubfall
Max-Aicher
Arena
A8
RUHPOLDING
PIDING
Forsthaus
Adlgaß
INZELL
Chiemgau-
Arena
Biathlon
Dandl Alm /
Dandl Hof
Inzeller
Moor
AINRING
Traun
Kloster Höglwörth
BERGEN
Mammutmuseum
ANGER
Porsche
Traumwerk
SIEGSDORF
TEISENDORF
Traun
VACHENDORF
Kymsee Whisky
SURBERG
GRABENSTÄTT
Wandern
mit Ziegen
Wiggerl
Siebzehn
Bier-und
Salinenstadt
Schönramer
Filz
TRAUNSTEIN
Mondino
CHIEMING
Thomafischer
WONNEBERG
PETTING
NUßDORF
Waginger See
Chiemgauer
Ölmühle
Meindl
Pavillon am
Strandbad
Landhaus
Tanner
WAGING AM SEE
DASMAXIMUM
Camping
KIRCHANSCHÖRING
TACHING
AM SEE
Tachinger See
Höhlenburg
TRUCHTLACH
TRAUNREUT
Stallwerk
STEIN AN DER TRAUN
FRIDOLFING
Wassersport
Gasthaus
Unterwirt
Tomatenbäuerin
PALLING
Chiemgauer
Genuss-
manufaktur
ALTENMARKT
a.d. ALZ
Burg Tittmoning
TROSTBERG
Chiemgaukorn
Bräustüberl
Baumburg
TITTMONING
TACHERTING
Bettinas
Keimbackstube
Plättenfahrt auf
der Salzach
Alz
ENGELSBERG
Salzach
Wallfahrt
MARKTL AM INN
ALTÖTTING